Guenther Sandleben
Finanzmarktkrise –
Mythos und Wirklichkeit

Guenther Sandleben lebt als Publizist in Berlin. Neben zahlreichen Aufsätzen erschien von ihm 2003 im VSA-Verlag das Buch: „Nationalökonomie & Staat. Zur Kritik der Theorie des Finanzkapitals". Aus seiner mehr als 20jährigen Berufspraxis als Finanzmarktanalyst kennt er das Innenleben des sogenannten Finanzkapitals und hat sich intensiv mit den Interaktionen zwischen den Finanzmärkten und der „ganz realen Wirtschaft" auseinandergesetzt.

Nach dem wirtschaftswissenschaftlichen Studium in Dortmund und Berlin war er zunächst als wissenschaftlicher Mitarbeiter mit dem fachlichen Schwerpunkt Geschichte der ökonomischen Theorie tätig. Während dieser Zeit setzte er sich insbesondere mit der klassischen politischen Ökonomie und ihrer Marxschen Kritik auseinander.

Eine Auswahl seiner Veröffentlichungen findet sich unter: http://www.guenther-sandleben.de.

Guenther Sandleben

Finanzmarktkrise – Mythos und Wirklichkeit

Wie die ganz reale Wirtschaft die Krise kriegt

**Bibliografische Information
der Deutschen Nationalbibliothek**

Die Deutsche Nationalbibliothek verzeichnet diese Publikation in der Deutschen Nationalbibliografie; detaillierte bibliografische Daten sind im Internet über http://dnb.d-nb.de abrufbar.

IMPRESSUM

Band 1 der proletarischen Texte
Schriftenreihe, herausgegeben von der proletarischen Plattform
www.proletarische-plattform.org

© 2011 Guenther Sandleben

Titelbild: Cornelia Leymann

Herstellung und Verlag:
Books on Demand GmbH, Norderstedt

ISBN 978-3-8423-3654-4

Inhalt

Einleitung 7

Kapitel I
Phasen des bisherigen Krisenprozesses 10

1) Ende 2005 bis Mitte 2007: Partielle Krise (Immobilienkrise) 10
2) Mitte 2007 bis Mitte 2008: Kredit- und Bankenkrise als Konsequenz der partiellen Krise 13
3) Anfang 2008 bis August 2008: Überproduktion in den wichtigsten Wirtschaftszweigen 18
4) September 2008 bis Anfang 2009: Überproduktionskrise, Geld-, Kredit-, Börsen- und Bankenkrise 27
5) März 2009 bis Ende 2010: Phase relativer Stabilisierung 35
6) Anfang 2010 bis heute: Wirtschaftserholung, Sparprogramme, drohende Staatspleiten 46

Kapitel II
Finanzmarktkrise oder Krise des kapitalistischen Systems? .. 60

1) Mythos Finanzmarktkrise 60
2) Abtrennung der Finanzmärkte von der sogenannten „Realökonomie"? 63
3) Kritik der Hegemonie-These 66
4) Verhältnis von Finanzmarktkrise und Krise der Warenproduktion 69
5) Politische Konsequenzen der Krisenanalyse 71

Kapitel III
Das von Marx entdeckte allgemeine Gesetz der periodischen Krisen 74

1) Möglichkeit der Krisen 78
2) Notwendigkeit der Krise 79
3) Warum die Krisen periodisch auftreten 81
4) Krisenzyklus, Kredit- und Zinszyklus 83

Kapitel IV
Warum die Krise eine große Krise ist: Umschlag des längerfristigen Akkumulationstyps 87

1) Asymmetrie konjunktureller Phasen 88
2) Die Sturm- und Drangperiode des Kapitals als Voraussetzung der großen Krise 89
3) Änderungen im Finanzsektor 92
4) Notwendigkeit des Umschlags des Akkumulationstyps 93

Kapitel V
Krisenmanagement der Regierungen 96
1) Grenzen der Staatsverschuldung 97
*2) Staatsschuldenkrise (Staatsbankrott) mit nachfolgendem
   Währungsverfall und galoppierender Inflation* 107

Literaturverzeichnis 113

Glossar 116

Graphiken und Tabellen

Grafik 1:	Die Krise am US-Immobilienmarkt.......................	12
Grafik 2:	Überproduktion in den wichtigsten Wirtschaftszweigen..	20
Grafik 3:	Veränderung der Kreditstandards..........................	25
Grafik 4:	Internationale Konjunkturindikatoren...................	47
Grafik 5:	Phasen der großen Krise	56
Grafik 6:	Verlaufsmuster der Produktion in der Weltwirtschaftskrise 1929ff...................................	58
Grafik 7:	Krisen-, Kredit- und Zinszyklus nach Marx	84
Grafik 8:	Asymmetrien in der US-Konjunktur......................	88
Grafik 9:	Akkumulationsboom in China	90
Grafik 10:	Welthandel und Weltproduktion 1974-2008	91
Grafik 11:	Von der Krise des Kapitals zur Krise des Staates ..	97
Tabelle 1:	Umfang der Rettungsprogramme für den Finanzsektor...	36
Tabelle 2:	Finanzbedarf ausgewählter Staaten der Eurozone .	48
Tabelle 3:	Finanzmodalitäten des EFSM und der EFSF.........	52
Tabelle 4:	Schuldenexplosion...	96
Tabelle 5:	Rolle der Notenbank	109

Einleitung

Der Umgang mit der Krise ist schon eigenartig. Obwohl Krisen bereits in der Vergangenheit die Wirtschaft regelmäßig, in Zeitabständen von sieben bis elf Jahren mal mehr, mal weniger stark durchrüttelten und den Menschen regelmäßig die Botschaft brachten, dass da irgend etwas mit ihrem Wirtschaftssystem nicht stimmen kann, vergaß man sie auch diesmal wieder. Als die Krise 2006 nahte, verdrängte man sie. Ihre ersten Erscheinungsformen wurden als äußere, zufällige, rasch vorbeigehende Fehlentwicklungen verharmlost. Als sie schließlich die Ökonomie im Herbst 2008 beben ließ, brach Panik aus. Politiker sahen das Finanzsystem nur Millimeter vor dem Abgrund. „Es gab Stimmen", schrieb der damalige Finanzminister Peer Steinbrück, „die vom Ende des Kapitalismus sprachen."[1] Endzeitstimmung lag in der Luft. Produktion und Handel brachen ein, Reichtum wurde vernichtet, Kapazitäten stillgelegt, Arbeiter entlassen oder in Kurzarbeit gezwungen, Unternehmen standen am Rand der Zahlungsunfähigkeit, Kredite platzten, renommierte Bankhäuser meldeten Konkurs an, Verunsicherung breitete sich aus, vermögende Privatleute horteten Geld oder suchten Sicherheit im Kauf von Gold. Selbst Staaten gerieten an den Rand des Bankrotts. Neoliberale und geldpolitische Grundsätze lösten sich unter dem Druck der Ereignisse in Schall und Rauch auf.

Nach gigantischen geld-, kredit-, zins- und konjunkturpolitischen Interventionen ist die Staatsverschuldung sprunghaft gewachsen, wie es in der Vergangenheit nur in Kriegszeiten der Fall war. Das Gespenst der Zahlungsunfähigkeit geht um. Es klopft bereits an den Pforten einiger Staaten. Zudem drohen Währungsverwerfungen und galoppierende Inflation. Die Krise

---

[1] Steinbrück (2010), S. 200. „Im September (2008) wurde mir klar, dass wir nur noch Tage von einem vollständigen Zusammenbruch entfernt waren," schrieb Gordon Brown in seinem Buch „Beyond the Crash" (2011, S. 18) rückblickend auf seine Zeit als Premierminister Großbritanniens.

ist längst nicht ausgestanden, auch wenn sich in einigen Ländern die Wirtschaft erholt hat.

Im *ersten Kapitel* zeichnen wir den Verlauf der bisherigen Wirtschaftskrise nach und untersuchen den inneren Zusammenhang von Überproduktions-, Kredit- und Bankenkrisen. Je nachdem, welche Krisenart in den Vordergrund trat und welche Kombination sie einging, lassen sich sechs Phasen unterscheiden, die wir nacheinander untersuchen werden.

Viele Beobachter – auch aus dem linken politischen Spektrum – halten die Wirtschaftskrise für eine vermeidbare Tragödie, die durch politische Eingriffe verhindert werden könnte. Wenn nur die Finanzmärkte besser reguliert worden wären, wenn die Finanzaufsicht besser funktioniert hätte, wenn die Investmentbanker weniger gierig gewesen wären, wenn der frühere US-Notenbankchef Alan Greenspan die Zinsen weniger stark gesenkt und die neoliberale Umverteilungspolitik die Kaufkraft nicht so stark reduziert hätten, wenn all das und noch anderes geschehen wäre, dann hätte die große Krise nicht stattgefunden und solche Konsequenzen zeitigen können. Und wenn endlich Politiker, Finanzaufsicht und Manager ihre Lektion gelernt haben, wird sich die Krise niemals wiederholen.

Ist eine solche Zuversicht wirklich gerechtfertigt?

Die folgenden Kapitel geben darauf aus unterschiedlicher Perspektive eine Antwort. Anknüpfend an unsere empirische Analyse im ersten Kapitel wird im *zweiten Kapitel* die vorherrschende These untersucht, wonach die Krise in erster Linie eine Finanzmarktkrise war, die dann auf die sogenannte „Realwirtschaft" übergesprungen sei.

Um zum Ursprung der Krise zu gelangen, muss aber tiefer gegraben werden. Tatsache ist, dass Krisenzyklen eine ständige Erscheinungsweise kapitalistischer Akkumulationsprozesse bilden, also keineswegs als besondere, einmalige Vorkommnisse zu behandeln sind. Auch die jüngste Krise reiht sich in die Kette solcher Akkumulationszyklen ein. Gerade diese wesentliche Seite der Krise wird von der aktuellen, fast nur auf die Finanzmärkte ausgerichteten Krisenliteratur ausgeblendet, so dass wir eine solche Krisenbetrachtung für ungeeignet halten, um den Ursprung und den inneren Zusammenhang der Krise zu enthüllen. Erstens lässt die Krisenliteratur die wirkliche Akkumulation als mögliche Krisenursache weitgehend außer Acht, betrachtet die „Realwirtschaft" überwiegend als stabil, so dass die Krisenursache von vornherein jenseits der Warenproduktion angesiedelt wird. Diese Externalisierung des Krisengeschehens führt zweitens dazu, dass der Fokus der Erklärung von vornherein auf historisch einmalige Ereignisse gelegt wird, so dass dann die große Krise von 2007 bis 2010 als eine Art Verkehrsunfall beschönigt werden kann.

Völlig anders verhält es sich mit der Marxschen Kritik der politischen Ökonomie. Durch das Aufdecken der Widersprüche und Gegensätze der kapitalistischen Ökonomie konnte Marx das verborgene Krisengeschehen in seiner allgemeinen Gesetzmäßigkeit aufdecken und die allgemeine Verlaufsform darstellen. Das von Marx entdeckte allgemeine Gesetz der periodischen Krisen bildet den Gegenstand des *dritten Kapitels*.

Eine solche allgemeine Analyse der Krise kann allerdings nicht erklären, warum die Erschütterungen diesmal besonders schwerwiegend und so weit reichend waren. Um dies herauszufinden, untersuchen wir im *vierten Kapitel* die längerfristigen Akkumulationstendenzen.

Das bisherige Krisenmanagement von Regierung und Notenbank scheint insofern erfolgreich gewesen zu sein, als es in vielen Ländern, vor allem in Deutschland, tatsächlich zu einer gewissen Stabilisierung und dann zu einer Erholung der Ökonomie beigetragen hat. Das *Kapitel fünf* wird sich mit der Kehrseite des Antikrisenprogramms beschäftigen, indem es die Frage aufwirft, wo die Risiken geblieben sind, die der Staat durch seine Interventionen aus der Wirtschaft herausgenommen hat. Handelt es sich bei der erzielten Stabilisierung um einen Pyrrhussieg, dem schon bald Staatsbankrotte, Währungsverwerfungen, Hyperinflation und weitere Wirtschaftskrisen folgen werden?

Berlin, Frühjahr 2011

Kapitel I
Phasen des bisherigen Krisenprozesses

In ihrer oberflächlichen Gestalt zeigte sich die Krise als Absatzkrise von Waren, zunächst von Immobilien später allgemeiner als Absatzkrise in den wichtigsten Wirtschaftszweigen von Handel und Industrie. Aber diese partielle dann allgemeine Überproduktionskrise von Waren scheint auf den ersten Blick keineswegs die Hauptsache gewesen zu sein. Es war die Kredit-, Geld-, Börsen- und Bankenkrise, kurz die Krise der Finanzmärkte, die besonders hervorstach, die besonders spektakulär verlief, die derart dramatische Formen annahm, dass man meinte, sie bilde bereits den eigentlichen Krisenvorgang und sei auf die Wirtschaft über gesprungen.

Jedenfalls traten all die Erscheinungsformen der Krise mit einer solchen Intensität hervor, dass man die Krise wegen ihrer besonderen Heftigkeit als „große Krise" bezeichnete und rasch Parallelen zur großen Weltwirtschaftskrise von 1929/1932 zog.

Je nachdem, welche Krisenart in den Vordergrund trat und welche Kombinationen sie einging, teilt sich die allgemeine Wirtschaftskrise in ihrem bisherigen Verlauf in fünf Phasen, die wir nachfolgend analysieren wollen.

1) Ende 2005 bis Mitte 2007:
Partielle Krise (Immobilienkrise)

Der Beginn der ersten Phase der Krise kann auf Ende 2005 datiert werden, als die Abwärtsentwicklung des US-Immobiliensektors mehr und mehr einsetzte. Bereits im Juli 2005 erreichten die Hausverkäufe ihren Höchststand. Nach anfänglichen Schwankungen auf hohem Niveau setzte Anfang 2006 eine Abwärtsbewegung ein, die sich im Jahresverlauf beschleunigte. Im August 2007, dem ersten Höhepunkt der Finanzkrise, hatten sich die Hausverkäufe halbiert. Es waren zu viele Häuser ge-

1) Ende 2005 bis Mitte 2007

baut worden im Vergleich zur zahlungsfähigen Nachfrage.[2] Wie eine Überproduktion entsteht, soll später analysiert werden. Die Absatzstockungen führten zu einem Rückgang der Bauproduktion. Relativ rasch reagierten die US-Hausbeginne, die nach dem Höchststand im Januar 2006 noch stärker einbrachen als der Absatz (fast minus 60 Prozent bis August 2007). Der Rückgang der Neubautätigkeit führte in der Baubranche und der Zulieferindustrie zu einem Anstieg der Arbeitslosigkeit.

Es entstand die für den Kapitalismus ganz normale, aus Sicht einer güterwirtschaftlichen Ökonomie völlig paradoxe Situation, dass arbeitslos gewordene Lohnabhängige, die jede Menge Häuser gebaut hatten, nun die für ihr eigenes Haus aufgenommenen Kredite nicht mehr bedienen konnten. Sie wurden zwangsgeräumt, wurden wohnungslos, während die geräumten Häuser die Zufuhr auf dem Häusermarkt vergrößerten und auf diese Weise zu einem Preisdruck und zu weiteren Produktionseinschränkungen beitrugen.[3] Entsprechend flachten sich die Preissteigerungen bei US-Immobilien ab. Der Case-Shiller Home-Price-Index erreichte im Juni 2006 seinen Höchststand, um dann beschleunigt zu sinken.

Für die vergebenen Immobilienkredite war dies ein kritischer Punkt. Denn die steigenden Immobilienpreise waren gerade der Katalysator gewesen, wodurch Immobilienkäufe und Kreditvergabe angetrieben worden waren. Zudem führten teurere Immobilien im Rahmen von Umschuldungen zu Geldeinnahmen bei den Schuldnern, wodurch eine zusätzliche Konsumgüternachfrage möglich wurde. Als aber dann die Preise sanken, statt weiter zu steigen, reichten die Sicherheiten nicht mehr aus, mit der Folge, dass Refinanzierungen erschwert, manchmal unmöglich

---

2   Gleichwohl ging der Boom mit einer höchst realen, bis heute anhaltenden Zunahme der US-Bevölkerung einher. Von 1967 bis 2006 stieg sie von 200 auf 300 Millionen und allein im Zeitraum von 2000 bis 2007 um knapp 20 Millionen, also jährlich um fast ein Prozent.

3   Im Jahre 2007 nahmen die Zwangsversteigerungen um 7,5 Prozent gegenüber dem Vorjahr zu. Insgesamt 2,2 Millionen Wohnhäuser kamen unter den Hammer. Im Juni 2008 waren es 8.000 Eigenheime pro Tag.

Kapitel I. Phasen des bisherigen Krisenprozesses

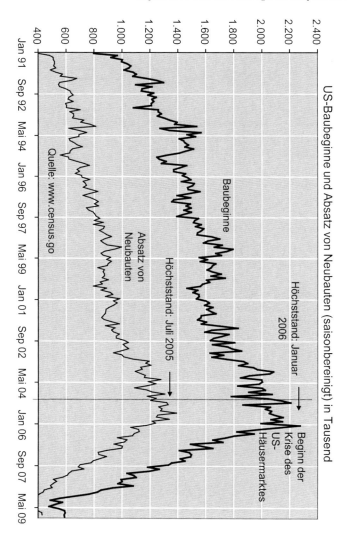

Grafik 1: Die Krise am US-Immobilienmarkt

wurden. Steigende Zinsen hatten zudem zu Schwierigkeiten in der Kreditbedienung geführt. Der Fall der Immobilienpreise verhinderte schließlich, Konsumgüter durch Anpassung der Hypotheken an den gestiegenen Häuserpreis zu kaufen. Die Konsumnachfrage erhielt einen Dämpfer.

Die USA gerieten in den Strudel einer hausgemachten Immobilienkrise. Später folgten die Immobilienmärkte in weiten Teilen Europas (vor allem Großbritannien, Irland, Spanien, Frankreich, Niederlande) und Asiens.[4]

Wichtig ist, dass es sich hierbei um eine partielle Krise handelte, nicht um eine allgemeine Krise, die dadurch gekennzeichnet gewesen wäre, dass sie alle großen Wirtschaftszweige erfasst hätte. Das kam erst später. Die Weltkonjunktur entwickelte sich bis Ende 2007 sehr dynamisch. In Europa, vor allem in Deutschland, prosperierte die Wirtschaft noch bis ins erste Quartal 2008. Länder wie Russland, Brasilien, China, Indien und etliche Golfstaaten verzeichneten während der partiellen Krise anhaltend hohe Wachstumsraten. Die US-Wirtschaft wuchs moderat bis zum vierten Quartal 2007. Nach einem leichten Rückgang im ersten Quartal 2008 (-0,7 Prozent) und einem sich daran anschließenden erneuten Zuwachs (+1,5 Prozent) geriet die Wirtschaft erst im zweiten Halbjahr (III.Q: -2,5, IV.Q: -5,4 Prozent) in einen Abwärtsstrudel.

2) Mitte 2007 bis Mitte 2008: Kredit- und Bankenkrise als Konsequenz der partiellen Krise

In der zweiten Phase setzte sich die Immobilienkrise mit unveränderter Abwärtsdynamik fort. Neu daran war, dass die Immobilienkrise auf den Kreditsektor übersprang. Fallende Hauspreise ließen die Sicherheiten zusammenschrumpfen, die hinter

---

4 Hier setzte die Immobilienkrise später ein, war aber in einigen Regionen nicht weniger heftig. Im Juli 2008 meldete die Martinsa Fadesa, der größte Immobilienkonzern Spaniens, Konkurs an. In Spanien standen zu dieser Zeit vier Millionen halb und ganz fertig gestellte Wohnungen leer, die unverkäuflich waren.

den Hypothekenschulden standen. Kredite wurden gekündigt, Häuser zwangsverkauft, die Hauspreise fielen weiter, die nächsten Kredite platzen, gefolgt von Zwangsverkäufen.

Im Vordergrund dieser Abwärtsspirale standen Zahlungsausfälle am US-amerikanischen Markt für Hypothekarkredite mit geringer Bonität (Subprime). Die Ratingagentur Standard & Poor's schätzte im September 2008 die Abschreibungen auf Subprime-Kredite auf 900 Milliarden Dollar. Notwendigerweise gerieten Banken bzw. solche Institutionen in die Krise, die letztendlich die Kreditrisiken zu tragen hatten. Aus der Kreditkrise wurde eine Bankenkrise.

Dass die Krise sofort einen internationalen Charakter erhielt und nicht nur US-Banken, sondern auch Banken in Europa schwer erschütterte, lag an der wachsenden Verflechtung von Bankgeschäft und Kreditmarkt. Vergab früher eine Bank einen Kredit, dann blieb sie in der Regel Gläubiger, solange der Kredit lief, und trug das entsprechende Risiko („originate and hold"). Dieses Verfahren begrenzte die Kreditvergabe durch die Höhe des Eigenkapitals, über das die ortsansässigen Banken verfügten. Das wachsende Kreditbedürfnis der zuvor stärker expandierenden Wirtschaft, vor allem das des Immobiliensektors, musste diese Schranke sprengen. Und sie wurde gesprengt. Die ortsansässigen Banken stillten den Kredithunger, den sie durch Lockangebote spekulativ gesteigert hatten, indem sie die Kredite bzw. die Kreditrisiken in alle Welt verkauften. Auf diese Weise umgingen sie die durch ihr Eigenkapital gesetzten Schranken der Kreditvergabe.

Die Instrumente, die einen solchen Verkauf ermöglichten, hat die Literatur – wenngleich losgelöst von den Notwendigkeiten des wirklichen Akkumulationsprozesses – ausführlich dargelegt.[5] Wir wollen uns deshalb auf die Darstellung von zwei Kreditinstrumenten beschränken, die eine besondere Rolle spielten: Die Verbriefung von Forderungen und der Kreditrisikotransfer durch Kreditderivate.

---

5 Sahra Wagenknecht, Wahnsinn mit Methode, S. 30-58; Wolfgang Münchau, Flächenbrand, S. 71ff

2) Mitte 2007 bis Mitte 2008

Kreditverbriefungen

Banken, wie beispielsweise die Citigroup in Amerika, übernahmen von kleinen lokalen Volksbanken Tausende von Hypotheken, schnürten sie zu riesigen neuen Bündeln zusammen, kombinierten sie mit guten und schlechten Krediten und ließen sie von Moody's oder Standard & Poors oder Fitch bewerten. Anschließend verkauften Banken solche mit einem Pfand (collateral) besicherte Schuldverschreibungen (genannt CDOs – Collateralized Debt Obligations) an Banken, Pensionsfonds, Hedge-Fonds oder sie wanderten in eigene Zweckgesellschaften, auch Schattenbanken genannt, die außerhalb der Bilanz der Bank operierten. Durch solche Übertragungen konnten die Banken bei gleichem Eigenkapital weitere Kredite vergeben und auf diese Weise das rasch wachsende Kreditbedürfnis befriedigen.[6] Mit dem Instrument der Verbriefung von Forderungen wanderten aber auch die Kreditrisiken von Amerika nach Europa.

Die Schattenbanken finanzierten den Kauf der in Wertpapieren verpackten Kredite kurzfristig am Geldmarkt, meist durch Commercial Papers, die aber, um abgenommen zu werden, garantiert sein mussten, meist durch die Mutterbank. Als dann durch die Immobilienkrise die in Wertpapiere verpackten Kredite nicht mehr bedient wurden, gerieten die Zweckgesellschaften in Schwierigkeiten und konnten ihrerseits die Commercial Papers nicht mehr bedienen.

Im August 2007 stockte der Geldmarkt auch in Europa. Das Vertrauen in die Kreditwürdigkeit selbst renommierter Banken war erschüttert, weil unklar war, welche Garantien die Banken gegeben hatten. Der Dreimonats-Depo-Repo-Spread, der die

---

6   Gelegentlich wird in der Presse auf die Bedeutung solcher CDOs für die Kreditexpansion hingewiesen, die der rasch expandierende Immobilienmarkt hervorrief. „Ohne die Erfindung der CDOs und die Bereitstellung verschiedener Risiken je nach Investorengeschmack hätte der zweitklassige Subprime-Hypothekensektor in den USA nicht finanziert werden können. Auch von Anfang an miserable Risiken konnten, vermischt mit normalen, auf diese Weise bei den Investoren untergebracht werden." (FAZ 25.02.2009)

Differenz zwischen dem unbesicherten Euribor und dem besicherten Eurepo-Zinssatz angibt und zuvor bei durchschnittlich sieben Basispunkten lag, schnellte in kurzer Zeit auf über 50 Basispunkte und bis Jahresende auf mehr als 90 Basispunkte.

Versicherungen für verbriefte Kredite:
Credit Default Swaps – CDS

Kreditrisiken wurden noch durch ein weiteres Instrument in alle Welt gestreut: durch den Handel mit Kreditderivaten. Zu diesen Instrumenten des Kreditrisikotransfers (Credit Risk Transfer, CRT) gehören die weitverbreiteten Credit Default Swaps (CDSs).

Der Sicherungsnehmer – der Kreditgeber (z. B. die Bank A, die einen Kredit an C vergeben hat) – schließt mit dem Sicherungsgeber – dem Versicherer B (z. B. mit dem US-Versicherer AIG) eine CDS-Vereinbarung ab. Bank A verpflichtet sich darin, eine regelmäßige Gebühr an B zu zahlen. Dafür erhält sie von B die Garantie, den versicherten Kreditbetrag erstattet zu bekommen, sollte der Kreditnehmer C seine Zahlungsverpflichtungen nicht erfüllen. Die Bank A hat also ihre Kreditausfallrisiken verkauft. Sie bekommt Kreditschutz.

Die CDSs ähneln einer Versicherungspolice, ohne dass aber der Versicherungsgeber (im Beispiel die AIG) entsprechende Rückstellungen bilden muss. Es werden keine entsprechenden Vermögenswerte als Sicherheit hinterlegt. Das Kontrahenten-Risiko ist also erheblich. Kann beispielsweise C seinen Kredit nicht zurückbezahlen, muss B einspringen. Fehlen ihm aber die Mittel dazu, fällt das Risiko an die Bank A zurück, die dann möglicherweise ihre eigenen Verpflichtungen nicht mehr ausgleichen kann.

Vertrauen wurde gehandelt. Sicherte die renommierte AIG weniger sichere Kredite beispielsweise der Rating-Stufe BBB ab, dann verwandelte das in die AIG gesetzte Vertrauen das Rating in AAA. Solche Wertpapiere konnten nun selbst solche Abnehmer kaufen, die, wie beispielsweise Lebensversicherer oder Pensionsfonds höhere Sicherheitsstandards zu beachten hatten.

2) Mitte 2007 bis Mitte 2008

Ein Kreis neuer Kreditgeber, der ohne solche Kreditinstrumente verschlossen geblieben wäre, stand nun dem expandierenden Immobiliensektor als weitere Geldquelle zur Verfügung. Weitere Schranken der Kreditvergabe waren niedergerissen, so dass sich der Immobiliensektor ohne Rücksicht darauf entwickeln konnte.

Mit dem Platzen von Immobilienkrediten stieg die Ausfallwahrscheinlichkeit, so dass die CDS-Papiere, die beispielsweise AIG in ihrer Bilanz hatte, im Wert fielen. 2008 musste AIG einen solchen Abschreibungsbedarf verkraften, dass der Versicherungskonzern mit rund 100 Milliarden Dollar den größten Verlust aller Zeiten auswies. Nur mit Staatskrediten in der bis dahin kaum vorstellbaren Höhe von 182 Milliarden Dollar ließ sich AIG retten.

Interbankenhandel:
Umschlag des Kreditsystems ins Monetarsystem

Unter den Banken waren die Risiken weit gestreut. Niemand wusste, welche Bank welche Risiken trug. Die Banken misstrauten einander. Sie gewährten untereinander keine Kredite mehr. Zugleich bestand Unsicherheit bezüglich des eigenen Geldbedarfs. Diese Ungewissheit war wiederum hauptsächlich Folge von Liquiditätszusagen für außerbilanzielle Zweckgesellschaften, die in strukturierte Wertpapiere investiert hatten.

Das Kreditsystem schlug ins Monetarsystem um. Der Interbankenhandel, die Schlagader des Kreditgeschäfts, trocknete aus. An seine Stelle musste die Notenbank treten. Sie stellte den Geschäftsbanken das Geld zur Verfügung, das sie sich sonst untereinander geliehen hätten. Auf diese Weise verhinderte sie nicht nur eine Pleitewelle in der Bankenwelt, sondern auch eine Kreditklemme in der Wirtschaft. Im Großen und Ganzen erhielten die Unternehmen in Industrie und Handel unter Berücksichtigung ihrer Bonität die Kredite, die sie brauchten. Wenn sie später dennoch in die Krise gerieten, lag es nicht am Kreditsystem. Ihre Krise war hausgemacht.

3) Anfang 2008 bis August 2008: Überproduktion in den wichtigsten Wirtschaftszweigen

Die dritte Phase der Krise war dadurch gekennzeichnet, dass alle großen Wirtschaftszweige des verarbeitenden Gewerbes in Richtung Überproduktion tendierten. Spätestens Mitte 2008 zeigte sich eine Überproduktion in allen bedeutenden Wirtschaftszweigen des Weltmarktes.

Schauen wir uns einige wichtige Konjunkturindikatoren für Deutschland an, die wegen der großen Bedeutung deutscher Industrieprodukte auf dem Weltmarkt zugleich als ein Indikator für die Entwicklung des Weltmarktes angesehen werden können. Ende 2007 ließ die Wachstumsdynamik in den bedeutendsten Industriezweigen des verarbeitenden Gewerbes spürbar nach. Die Industrieproduktion wuchs kaum noch; im Frühjahr 2008 begann sie zu sinken, um dann ab September regelrecht abzustürzen. Die Pleite von Lehman Brothers, die erst Mitte September die Finanzwelt in Atem hielt, hatte die konjunkturelle Wende der Industrieproduktion nicht bewirken können. Schon die zeitliche Abfolge spricht dagegen.

Wenn trotz dieser eindeutigen Indikation gerade hoch angesehene Ökonomen, darunter Peter Bofinger[7] und Axel Weber,[8] die Lehman-Pleite als Ursache der Produktionseinbrüche heranziehen, dann steckt dahinter keineswegs nur eine eigenwillige Betrachtung der Krise. Das Dogma vom Gleichgewicht der Märkte, mit dem man den Kapitalismus als krisenfrei und har-

---

7 „Der Zusammenbruch von Lehman erschütterte nicht nur das globale Finanzsystem, er führte zugleich zu einem ebenso abrupten wie tiefen Einbruch der weltwirtschaftlichen Aktivität." Bofinger (2010), S. 31

8 „Mit der Insolvenz der US-Investmentbank Lehman Brothers im September 2008 entwickelte sich die bis dahin schwelende Finanzkrise zu einem globalen Flächenbrand. Sie breitete sich in dieser zweiten Phase nicht nur in Windeseile auf andere, bis dahin nicht betroffene Finanzmarktsegmente aus, sondern schlug auch rasch und massiv auf die realwirtschaftliche Entwicklung durch, so dass sich die Finanzkrise zur globalen Wirtschaftskrise auswuchs". Weber (2011), S. 3

3) Anfang 2008 bis August 2008

monisch präsentieren kann, spielt eine große Rolle. In diesen Verblendungszusammenhang passt es ausgezeichnet, wenn man der Öffentlichkeit einen Schuldigen der Krise präsentieren kann, wie die Pleite einer großen US-Investmentbank.

Dass der Rhythmus der kapitalistischen Industrie ein eigenständiger war und keineswegs von der Finanzmarktkrise bestimmt wurde, verdeutlichen bereits die Auftragseingangszahlen, die der Produktion tendenziell vorauszulaufen pflegen und ihr die allgemeine Richtung geben. Der Höhepunkt der Aufwärtsentwicklung lag im Dezember 2007, danach fielen die Indizes für die Branchen des verarbeitenden Gewerbes mehr oder weniger stark. Dies war ein sichtbares Zeichen dafür, dass eine Überproduktion vorlag: Während die Produktion zunächst noch wuchs, traten die Schranken des Marktes deutlich hervor. Eine ähnliche Entwicklung hatte der US-Häusermarkt ab Ende 2005 durchlaufen, als dort ebenfalls die Schranken des Marktes deutlich hervorgetreten waren und zu einem dramatischen Rückgang der Hausverkäufe führten. Nur war es eine partielle Krise, begrenzt auf den Häusermarkt, jetzt zeigte sich die Überproduktion in allen bedeutenden Wirtschaftszweigen.

*Allgemeine Überproduktionskrise –
keine Folge der Finanzmarktkrise*

Wir wollen an dieser Stelle noch etwas genauer auf den Zusammenhang von Finanzmarktkrise und Krise in der Industrie eingehen. Würde es stimmen, dass die Finanzmarktkrise hierbei eine entscheidende Rolle gespielt hat, dann müsste sich dieser Einfluss in der Kreditvergabepraxis der Banken empirisch niedergeschlagen haben. Davon kann aber keine Rede sein. Insgesamt gesehen verfügten die Unternehmen während dieser dritten Phase der Krise über ein ausreichendes Kreditangebot der Banken. Es gab, worauf die Bundesbank trotz aller Betonung der Finanzmarktkrise hinweist, keine bankseitigen Beschränkungen,

Kapitel I. Phasen des bisherigen Krisenprozesses

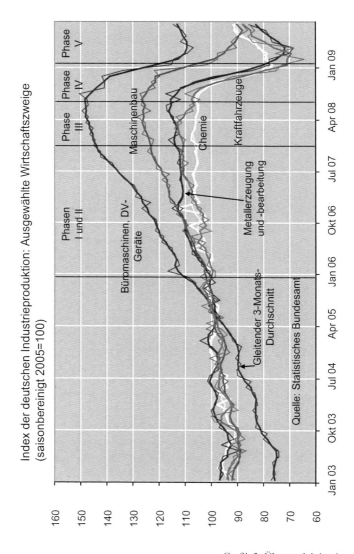

Grafik 2: Überproduktion in

3) Anfang 2008 bis August 2008

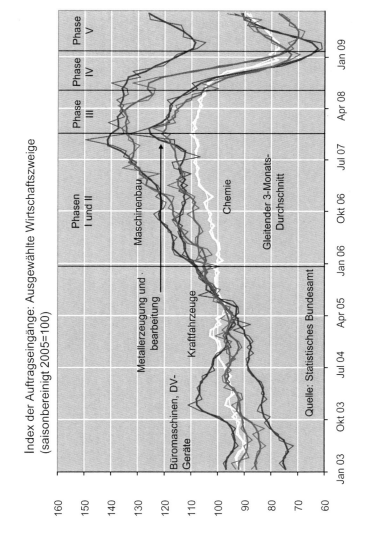

den wichtigsten Wirtschaftszweigen

die quantitativ so bedeutsam waren, dass sie ein maßgebliches konjunkturelles Risiko begründeten.[9]

Der Buchkredit als eine zentrale externe Finanzierungsquelle (rund zwei Fünftel der Verschuldung deutscher nichtfinanzieller Unternehmen entfallen darauf) war gegen Ende 2007 kräftig gestiegen und erreichte im Juli 2008 mit einer Jahreswachstumsrate von 3,8 Prozent den Höhepunkt der Expansion. Dass die Kredite überhaupt zunehmen konnten, ist ein erster Hinweis darauf, dass die Finanzkrise von 2007 keineswegs zu einer Kreditverweigerung der Banken führte. Aber das soll hier noch nicht der Punkt sein, wir wollen zunächst die Kreditnachfrage der Wirtschaft selbst betrachten.

Man hat bereits gesehen, dass die Nachfrage nach Waren seit Ende 2007 stark an Dynamik einbüßte, mit der Folge, dass im Verlauf des ersten Quartals 2008 die Produktion sank. Obwohl die Unternehmen nun ein geringeres Volumen an Betriebsmitteln finanzierten und Investitionen zurückstellten, stiegen die Buchkredite stark an. Wie konnte das passieren?

Verursacht wurde die wachsende Kreditnachfrage nicht von einer verbesserten, sondern wesentlich verschlechterten Geschäftslage. Die Unternehmer brauchten Überbrückungskredite, weil ihr Absatz stockte und der Handelskredit wegen der allgemeinen Verunsicherung schwieriger zu bekommen war. Der Bankkredit ersetzte teilweise den Handelskredit, den sich die Geschäftsleute untereinander gaben.

Bis Jahresende 2008 sank dann allerdings die Jahreswachstumsrate der Buchkredite auf knapp zwei Prozent; dennoch lagen die Buchkredite im vierten Quartal um rd. 25 Milliarden Euro über dem Stand des dritten Quartals. Der Bankkredit war keineswegs zusammengebrochen, wie die Vorstellung vom Überspringen der Finanzmarktkrise auf die Wirtschaft so gern nahe legen möchte.

Eine nähere Analyse des Verlaufs zeigt aber, dass ab Sommer 2008 die kurzfristigen Ausleihungen (bis ein Jahr) tendenziell

---

9   Vergleiche den Artikel „Die Entwicklung der Kredite an den privaten Sektor in Deutschland während der globalen Finanzkrise", in: Monatsbericht der Deutschen Bundesbank, Sept. 2009

zurückgingen. Der kritische Monat September bildete mit einem kräftigen Anstieg von rund 333 Milliarden Euro im August auf 344 Milliarden jedoch eine Ausnahme. Die Sorge vor Kreditausfällen im Bereich des Handelskredits dürfte zu einer stärker wachsenden Nachfrage nach Bankkredit geführt haben.

Natürlich bemerkten auch die Banken, was in der Wirtschaft los war, so dass sie auf das dort gestiegene Kreditrisiko mit einer genaueren Kreditwürdigkeitsprüfung ihrer Kreditkunden reagierten. Diese kritische Lage der Unternehmen dämpfte dann tatsächlich die Kreditvergabe. Es war also nicht die Finanzkrise, die hier Kredite verhinderte, die Krise der Unternehmen bewirkte eine vorsichtigere Kreditvergabe seitens der Banken. Die schrumpfenden Kredite waren nichts anderes als eine Folgeerscheinung der beginnenden Schrumpfung des wirklichen Reproduktionsprozesses der Wirtschaft.

Die zwei Meinungen der Bundesbank

Hier ist ein bemerkenswerter Widerspruch festzuhalten: Die Bundesbank, die in ihrer Ideologie die eigenständige Krise des wirklichen Reproduktionsprozesses so sehr bestritten hatte, vollzog in ihrer empirischen Analyse der Kreditentwicklung eine Kehrtwende. Sie interpretierte die rückläufige Kreditvergabe nun ebenfalls als eine Konsequenz des Reproduktionsprozesses, nämlich als ein „Spiegelbild der realwirtschaftlichen Entwicklung", hervorgerufen durch die hier entstandene verschlechterte Risikosituation.[10]

Diese These, wonach sich die Abschwächung der Kreditvergabe gut mit „der schwachen realwirtschaftlichen Entwicklung"[11]

---

10   Bundesbankbericht vom September 2009, S. 23.

11   Die Bundesbank resümiert: „Insgesamt ergibt die Betrachtung einer breiten Palette von Indikatoren gegenwärtig keine stichhaltigen Hinweise auf eine bereits bestehende Kreditklemme in Deutschland. Die Abschwächung der Kreditvergabe an nichtfinanzielle Unternehmen lässt sich gut mit den traditionellen Einflussfaktoren erklären, insbesondere mit der schwachen realwirtschaftlichen Entwicklung." Bundesbankbericht, September 2009, S. 17.

erklären lasse, dass es also keine stichhaltigen Hinweise auf eine Kreditklemme gegeben habe, wird durch verschiedene Umfrageergebnisse bestätigt.

Nochmals zum Verhältnis von Finanzmarktkrise und Überproduktionskrise

Das Münchner ifo-Institut führt seit 2003 unter 7000 Unternehmen eine Befragung über empfundene „Kredithürden" durch, die durch den Anteil der Antworten definiert werden, bei denen die Kreditvergabe als restriktiv bezeichnet wird. Die Kurve der Kredithürden lag Mitte 2003 im Durchschnitt bei gut 50 Prozent. Im Zuge der Konjunkturerholung und größerer Stabilität der Unternehmen fiel die Kurve stark ab und erreichte Mitte 2007 ihren Tiefpunkt. Man beachte den Zeitpunkt: Als die erste Kredit- und Bankenkrise, ausgelöst durch die Krise am US-Häusermarkt, ihren Höhepunkt hatte, gab es praktisch keine Probleme, von den Banken Kredite zu bekommen. Der Grund dafür ist recht einfach: Alle großen Notenbanken der Welt hatten nämlich durch geldpolitische Sondermaßnahmen umfassende Liquidität zur Verfügung gestellt, um gerade eine mögliche Kreditklemme der Wirtschaft zu verhindern. Im Ergebnis führte ihre großzügige Liquiditätspolitik zu einer massiven Verlängerung der Notenbankbilanzen.

Keine Kreditklemme

Jedenfalls gab es keinen Kreditengpass, der zu Geschäftseinschränkungen bei den Unternehmen geführt hätte. Genügend Kredite wurden bereitgestellt. Die Finanzmarktkrise von August 2007 mit all ihren Verwerfungen am Geldmarkt hatte nicht zur Überproduktionskrise in Handel und Industrie geführt.

Die Umfrageergebnisse des ifo-Instituts werden gestützt durch eine Umfrage zum Kreditgeschäft der Banken (Bank Lending Survey: BLS) im Euro-Raum. Wie Grafik 3 („Veränderung

3) Anfang 2008 bis August 2008

der Kreditstandards"[12]) zeigt, hielt die Lockerung der Angebotsbedingungen für Kredite bis Mitte 2007 an, trotz der beginnenden Turbulenzen im Finanzsektor. Danach steigt die Kurve zwar in den positiven Bereich, was hier restriktivere Kreditkonditionen signalisiert, jedoch liegt sie während der Entstehung der Überproduktion im Frühjahr/Sommer 2008 unter dem Stand des Jahres 2003. Dies war aber schon das Jahr einer konjunkturellen Besserung. Auch daran sieht man, dass der Rhythmus von Industrie und Handel nicht durch den Kreditrhythmus bestimmt wird, sondern dass umgekehrt eine konjunkturelle Besserung auch zu einer Lockerung der Angebotsbedingungen für Kredite führt, wie es dann bis Frühjahr 2007 auch der Fall war.

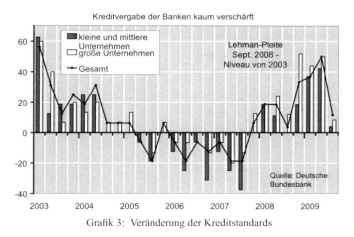

Grafik 3: Veränderung der Kreditstandards

Die vom ifo-Institut erhobene Kurve der Kredithürden aus Sicht der befragten Unternehmen lag bis Mitte 2008 unter dem Niveau von 2003 und 2004 – das gleiche Kurvenmuster also wie

---

12 Der Kreditstandard wird gemessen als Saldo aus der Summe der Angaben „deutlich verschärft" und „leicht verschärft" und der Summe der Angaben „etwas gelockert" und „deutlich gelockert" in Prozent der gegebenen Antworten. Dementsprechend stehen positive Werte für restriktivere Konditionen, negative Werte für eine Lockerung der Angebotsbedingungen.

bei den Kreditstandards (BLS). Es gab zu dieser Zeit keine von den Banken verursachte Kreditklemme, aus der man den starken Abschwung der Wirtschaft ab September 2008 erklären könnte.

Die Finanzkrise war keineswegs auf den „realen Sektor" übergesprungen, wie allgemein behauptet wird. Es waren die Widersprüche der Warenproduktion selbst, die zu den Stockungen des Reproduktionsprozesses führten. Dass die Kurven der „Kredithürden" (ifo-Institut) und der „Kreditstandards" (BLS) schließlich im Herbst 2008 hochschnellten, lag an der Vertrauenskrise, die Folge der allgemeinen Überproduktionskrise war. Bezeichnend dafür ist, dass die Kurven bei den Großunternehmen besonders stark stiegen, nämlich von knapp 20 Prozent auf etwa 50 Prozent Ende 2008. Die Überproduktionskrise hatte im Herbst 2008 die Haupthandelszweige des Weltmarktes erfasst. Die großen, auf allen Teilen des Weltmarktes operierenden Unternehmen waren besonders von der Krise betroffen. Ihre Kreditwürdigkeit war stärker erschüttert, so dass solche Großunternehmen trotz ihrer Größe restriktivere Konditionen von ihren Banken erhielten bzw. die Konditionen selbst als restriktiver einschätzten.

Allerdings sollte die Verschärfung der Angebotskonditionen selbst während der kritischen Phase 2008/2009 nicht überschätzt werden. So waren die Angebotsbedingungen keineswegs schlechter als während der Krise 2002/2003, die zu vergleichsweise schwachen Produktionseinbrüchen geführt hatte. Die Bundesbank stufte die Kreditsituation als nicht besonders ungünstig ein. In ihrem Monatsbericht vom Januar 2009 interpretierte sie die BLS-Angaben für Deutschland in der Weise, dass „eine angebotsseitige Kreditverknappung in der Breite des Bankensystems sich derzeit nicht ableiten (lässt)."[13] Sie bestreitet also, dass die Kreditklemme die Wirtschaft in die Krise getrieben habe.

Gegen Beschränkungen durch eine Kreditklemme sprechen vor allem die umfangreichen Interventionen der Notenbanken, die allesamt darauf hinausliefen, das Kreditsystem zu schützen. Beispielsweise beschloss der EZB-Rat eine Reihe von geldpoli-

---

13 Monatsbericht der Deutschen Bundesbank, Januar 2009, S. 15ff

tischen Sondermaßnahmen, um die Gefahr einer Kreditklemme für die Wirtschaft abzuwenden. Dazu gehörten die Umstellung vom Zinstender- auf das Mengentenderverfahren mit voller Zuteilung der Gebote, die Einführung zusätzlicher längerfristiger Refinanzierungsgeschäfte von bis zu einem Jahr, die Annahme von Sicherheiten (Wertpapieren) mit geringerer Bonität und nicht zuletzt die niedrigen Zinsen. „Die Aufrechterhaltung der Kreditvergabefähigkeit des Finanzsektors", schrieb der Präsident der Deutschen Bundesbank rückblickend, „stand dabei explizit und von Beginn an im Vordergrund, weshalb der Ansatz später als Enhanced Credit Support (erweiterte Maßnahmen zur Unterstützung der Kreditvergabe) bezeichnet wurde."[14]

4) September 2008 bis Anfang 2009: Überproduktionskrise, Geld-, Kredit-, Börsen- und Bankenkrise

Die Dramatik der Ereignisse fiel in diese Phase und erreichte ihren Höhepunkt im September und Oktober 2008. Die Krise hatte nun alle ihre Erscheinungsformen herausgebildet.

Die verschiedenen Erscheinungsformen der großen Krise

Sie war – anfangs noch etwas versteckt – eine allgemeine Handels- und Industriekrise (Überproduktionskrise), zugleich zeigte sie sich furchterregend als Kredit- und Bankenkrise. Sie äußerte sich aber auch als Börsenkrise, indem sie die Aktienmärkte und die privatwirtschaftlichen Teile des Anleihemarktes zu Boden riss. Und sie war eine Geldkrise, indem sie die Umlauffähigkeit des Geldes in mehrfacher Hinsicht einschränkte: Banken und Unternehmen sicherten sich Liquidität, um mögliche Zahlungsschwierigkeiten zu verhindern, Vermögende hoben Geld ab, horteten es in Form großer Geldscheine, weil sie den Banken misstrauten.

---

14   Axel Weber, Stabilitätsanker Eurosystem, Auszüge aus Presseartikeln Nr. 14 vom 30.3.2011

Vor allem der dramatische Vorgang im Geld-, Kredit- und Bankensektor war es, der alle wichtigen Akteure aus Wirtschaft, Finanz und Politik „schaudern (ließ) vor dem undurchdringlichen Geheimnis ihrer eigenen Verhältnisse." So hatte Marx seine Beobachtungen für die schweren periodischen Krisen Mitte des 19. Jahrhunderts zusammengefasst, als nämlich während der allgemeinen Produktions- und Handelskrisen das Kreditsystem regelmäßig ins Monetarsystem umgeschlagen war.[15]

Nun war Vergleichbares im September und Oktober 2008 geschehen. Panik brach aus, die sich nur noch mittels einer gewaltigen Kraftanstrengung des Staates und unter Einsatz ungewöhnlicher Mittel begrenzen ließ. Diese Kredit- und Geldkrise, die sich zugleich als Krise des gesamten Bankensystems äußerte, charakterisierte die vierte Phase der großen Krise. Sie bildete den Höhepunkt der allgemeinen Wirtschaftskrise.

Man sollte sich die Chronologie der Ereignisse nochmals vor Augen führen: Die partielle Überproduktionskrise (erste Phase der großen Krise) in einigen Sektoren der Bauwirtschaft (vor allem USA) hatte Mitte 2007 zur ersten Kredit- und Geldkrise (zweite Phase) geführt. Bereits damals stockte der Interbankenhandel, so dass die Notenbanken das dringend benötigte Geld bereitstellen mussten. Aber im Unterschied zum Herbst 2008 verlief die erste Kredit- und Bankenkrise weniger dramatisch, da sich die Wirtschaft insgesamt noch in einer Aufwärtsbewegung befand.

Eine größere Bedeutung hatte diese Krise aber dennoch für die Ereignisse vom September 2008. Das Bankensystem war bereits angeschlagen, Regierungen und Notenbanken hatten schon größere Hilfsaktionen durchgeführt, bevor sich die allgemeine Krise der Wirtschaft im Jahresverlauf 2008 zuspitzte. Nun kam auch noch die Erschütterung des Kreditsystems durch die Krise in Industrie und Handel hinzu, die auf ein bereits geschwächtes Bankensystem traf.

Alles schien ins Wanken zu geraten. Der Kredit selbst großer Unternehmen war erschüttert und die Erschütterungen konzen-

---

15 Marx, MEW 13, S. 123.

4) September 2008 bis Anfang 2009

trierten sich im Bankensystem, das bereits unter dem Vertrauensverlust litt, der durch die zweifelhaften Hypothekenkredite entstanden war. Das Beben im Bankensektor musste früher im Krisenzyklus eintreten, als es beispielsweise in der Weltwirtschaftskrise von 1929 bis 1932 der Fall war, in deren Verlauf die deutsche Bankenkrise erst 1931 ihren Höhepunkt erreichte. Diese kritische Phase, ausgelöst durch eine Pleitewelle in Industrie und Handel, haben Staat und Notenbank durch ihre massiven Interventionen verhindert. Indem sie die Krise der Wirtschaft zu ihren Lasten abmilderten, wanderten die Risiken aus der Wirtschaft in ihren eigenen Bereich. Die Pleitewelle fand nicht statt, aber die Risiken sind geblieben, nur dass Staat und Notenbank sie jetzt haben. Auf diese Schattenseite der Interventionen wird später eingegangen.

Umschlag des Kreditsystems ins Monetarsystem als Folge der allgemeinen Überproduktionskrise

In der dritten Phase der Krise nahmen die Absatzschwierigkeiten im gesamten verarbeitenden Gewerbe samt den darauf bezogenen Handelsabteilungen zu. Waren, die zuvor ohne Schwierigkeiten verkauft werden konnten, so dass ihr Wert in Form von Geld zurückfloss, blieben unverkäuflich liegen. Das Geld kehrte gar nicht oder nicht in der gewohnten Regelmäßigkeit und Pünktlichkeit zurück. Angesichts solcher Schwierigkeiten begannen die Unternehmer sich untereinander zu misstrauen. Ihr Kredit war erschüttert. Niemand wusste so recht, ob und wie lange die Vertragspartner zahlungsfähig waren. Bare Zahlung war angesagt. Wenn Unternehmen überhaupt noch bereit waren, ihre Waren auf Kredit zu verkaufen, dann nur gegen einen Kredit, den ein Kreditversicherer[16] abgesichert hatte.

---

16   Eine Kreditversicherung schützt den Warenverkäufer vor Verlusten durch Zahlungsausfall sowohl bei inländischen als auch bei ausländischen Geschäften. Dies geschieht a) vorbeugend durch Übernahme von Kreditprüfungs- und Überwachungsaufgaben, b) durch Übernahme des Inkasso und des Mahnverfahrens, c) durch Übernahme des Schadens bei tatsächlich eintretenden Forderungsausfällen.

Aber die Krise durchbrach, was in normalen Geschäftszeiten weitgehend funktionierte. Die privaten Versicherer gegen Forderungsausfall agierten zunehmend vorsichtiger. Sie waren immer weniger bereit, für die Zahlungsunfähigkeit von Abnehmern in vollem Umfang einzustehen.[17] Wiederum musste der Staat helfen, damit der Handelskredit nicht austrocknete. Als „Retter letzter Instanz" sprang er wie schon im Interbankenhandel ein, übernahm Garantien oder versorgte Unternehmen mit Krediten.

Wenn nur noch bare Zahlungen bzw. staatlich garantierte Kredite, nicht aber die normalen Kreditbeziehungen im normalen Geschäftsverkehr Gültigkeit hatten, dann war das ein sicheres Zeichen, dass der Privatkredit bereits ins Monetarsystem umgeschlagen war.

Dieser Umschlag ist typisch für eine allgemeine Industrie- und Handelskrise. Er ist ein ökonomisch-gesetzmäßiger Vorgang, der sich nur deshalb nicht immer in seiner Regelmäßigkeit und Reinheit zeigt, weil der Staat interveniert und Kreditversicherungen den Umschlag in einem gewissen Grad abmildern. Aber er findet statt. Und er mündet in einer Krise der Kapitalmärkte und der Banken. Die Kredit- und Bankenkrise ist hier immer eine Konsequenz der Krise durch Überproduktion von Waren – nicht umgekehrt.

Allerdings tritt die Krise des Kredit- und Bankensektors so geräuschvoll hervor, nimmt derart dramatische Züge an, zieht Akteure wie Beobachter derart in ihren Bann, dass die tieferen Gründe der Krise, nämlich die einander widerstreitenden Kräfte der kapitalistischen Warenproduktion meist gar nicht erst thematisiert werden.

Auch die heutigen Beobachter, die Zeitgenossen der dramatischen Krisenereignisse von 2008/2009, wurden von den spektakulären Ereignissen der Finanzmärkte geblendet und hielten

---

17 Der Staat musste eingreifen. Systematisch tat er das im Herbst 2009, als er 7,5 Milliarden Euro zur Absicherung von Warenkrediten bereitstellte. Grundlage war ein Aufstockungsmodell. Der Staat übernimmt nun einen Teil des Ausfallrisikos, den private Kreditversicherer infolge der Wirtschaftskrise nicht mehr absichern.

4) September 2008 bis Anfang 2009

das, was sie an den Finanzmärkten sahen, schon für den eigentlichen Krisenvorgang.

Mechanismus des Kreditzusammenbruchs

Der Umschlag des Kreditsystems ins Monetarsystem, wie er mit Notwendigkeit durch eine allgemeine Überproduktionskrise von Industrie und Handel entsteht, wurde vor allem von Marx exakt analysiert.[18] Im Mittelpunkt seiner Analyse stand die Funktion des Geldes als Zahlungsmittel. In dieser Funktion vermittelt es den Handelskredit, den Kredit also, den sich die fungierenden Kapitalisten aus Industrie und Handel untereinander geben. Der Käufer einer Ware muss in einem solchen Fall kein Geld vorstrecken, um die Ware zu kaufen, sondern er gibt ein Zahlungsversprechen und löst dieses ein, sobald er durch den Verkauf der eigenen Ware über das Geld verfügt.

Das Geld wirkt in zwei verschiedenen Momenten. Beim Händewechsel der Ware wirkt es als ideelles Kaufmittel und leitet so das Kreditverhältnis ein, in der erst später zu erfolgenden wirklichen Zahlung realisiert es den Wert, so dass das Kreditverhältnis wieder erlischt. Das Geld muss aber nur körperlich anwesend sein, soweit sich die wechselseitigen Forderungen nicht saldieren, also wirkliche Zahlung erforderlich wird.

Währen der Laufzeit eines Handelskredits kann sich aber etliches ereignen, so dass es passieren kann, dass der Schuldner

---

18   Soweit spätere Autoren darauf zurückkamen, brachten sie keine neuen Erkenntnisse hervor. Bouniatian (1908) beispielsweise thematisierte die Geld-, Kredit- und Bankenkrise richtig als ein Folgeereignis der allgemeinen Krise. Er beschrieb den Umschlag des Kreditsystems ins Monetarsystem, ohne aber den Vorgang in der Tiefe der Warenproduktion, im Widerspruch der Ware und dem daraus erwachsenden Widerspruch von Ware und Geld zu erforschen. „Beim Ausbruch einer Wirtschaftskrise und beim Zusammenbruch des Kredits wird nun das Geld plötzlich das Tausch- und Zahlungsmittel schlechthin", schrieb er. „Es muß jetzt vor allem die fiduciären Umlaufmittel, wie Wechsel und mitunter auch Banknoten (soweit diese noch einen Wechsel auf den Bankier darstellten – G. S.), welche durch die Kreditkrise weggeschwemmt worden sind, ersetzen." (S. 17).

die Zahlungsverpflichtung aus dem Erlös der eigenen Ware oder aus den zuvor noch bestehenden finanziellen Reserven nicht zu erfüllen vermag. In der Krise fällt meist der Wert der eigenen Ware oder sie erweist sich innerhalb des Zeitraums gar als unverkäuflich. Solche Zahlungsschwierigkeiten treffen nicht nur den ersten Schuldner. Die gesamte Kette von Zahlungen zerreißt, die als Folge der Verkettung der Verhältnisse von Gläubiger und Schuldner entstanden war. Es tritt, wie Marx bemerkte, „Zahlungsunfähigkeit nicht nur in einem, sondern vielen Punkten ein, daher Krise."[19] Jetzt ist auf jeder Stufe bare Zahlung erforderlich, während sonst, bei glattem Verlauf, nur die Schuldenbilanz zu saldieren gewesen wäre.[20] Der Kredit bricht zusammen, d. h. das Kreditsystem schlägt ins Monetärsystem um.

Lehman-Pleite – kaum mehr als ein Anlass

Alles verlangt nach Geld, und das Geld scheint verschwunden zu sein. Die Unternehmen versuchen, Geld von den Banken zu bekommen, nicht um Investitionen zu tätigen, sondern um ihre eigenen Kredite zu bedienen. Und die Banken selbst benötigen gleichfalls dringend Geld, das ihnen plötzlich niemand geben will.

Hinzu kommt, dass in der Panik die Bankkunden ihre Guthaben in Bargeld einfordern, weil sie ihrer Bank nicht mehr trauen. Und die Schuldner müssen ihre Aktiva, seien es Waren oder Wertpapiere auf den Markt werfen, um ihre Zahlungsverpflichtungen zu erfüllen. Daher allgemeiner Fall der Warenpreise, Kurseinbrüche an den Börsen.

Soweit der Mechanismus, wie er wirkt, wenn er nicht durch Staatseinmischung gemildert oder gar blockiert wird.

Diese Geld-, Kredit-, Börsen- und Bankenkrise war der Inhalt der Panik vom Herbst 2008, welche sich als der Höhepunkt der Wirtschaftskrise im Gedächtnis einmeißeln wird.

---

19   MEW 26.2., S. 514
20   Dieser Umschlag geht aus dem Widerspruch hervor, den das Zahlungsmittel einschließt. Siehe Näheres dazu unten auf S. 85f.

4) September 2008 bis Anfang 2009

Die Dramatik an den Finanzmärkten setzte Mitte September mit der Lehman-Pleite ein. Zu diesem Zeitpunkt waren die Kreditketten auf das Äußerste angespannt. Sie drohten zu zerreißen mit der Konsequenz, dass ein Schuldner nach dem anderen zahlungsunfähig geworden wäre. Es genügte ein Anlass, um die Kreditpyramiden zum Einsturz zu bringen. Wäre es Lehman nicht gewesen, dann vielleicht eine andere Großbank oder ein großes Unternehmen, wie General Motors, das ohne die staatlichen Rettungsaktionen einen solchen Anlass schon längst geliefert hätte.

*Rettungsprogramme verhindern
die Kernschmelze des Kreditsystems*

Jedenfalls war der private Kredit allseitig erschüttert. Die Banken misstrauten einander, ebenso die Unternehmen untereinander und beide Kapitalgruppen stellten wechselseitig die Kreditwürdigkeit in Frage. Glaubwürdigkeit besaß nur noch der öffentliche Kredit, hinter dem Staat und Notenbank standen. Und unter den Notenbanken war die Fed trotz aller Krisen, trotz der vielen Munition, die sie verschossen hatte, trotz der faulen Kredite, die sie in ihre Depots genommen hatte, immer noch die Zitadelle des internationalen Finanzsystems. Zweifel hinsichtlich ihrer Glaubwürdigkeit spielten nur am Rande eine Rolle.

Zusammen mit den anderen großen Notenbanken war sie die letzte Stütze des Kredits. Hätte diese Stütze nicht gehalten, wäre das gesamte Finanzsystem kollabiert und das Vertrauen in das Geld, hinter dem keine wirklichen Werte mehr stehen, wäre mit der Erschütterung der Notenbank verloren gegangen. Dem Umschlag des Kreditsystems ins Monetarsystem hätte ein weiterer Umschlag in wirkliche Werte folgen müssen. Noch besaß die Notenbank genügend Vertrauen, um als „lender of last resort" zum letztinstanzlichen Gläubiger zu werden.

Wir müssen hier die dramatischen Rettungsaktionen vom September und Oktober 2008 nicht näher ausführen. Genügend Literatur hat sich darüber ausgebreitet, und selbst die Tagespresse erinnerte an den Jahrestagen ausführlich an die spektakulären

Vorgänge von damals, so dass die dramatischen Höhepunkte noch im Gedächtnis sein dürften.

Jedenfalls überschlugen sich die Ereignisse. Eine Staatsaktion löste die nächste ab, immer nach demselben Muster, dass der öffentliche Kredit, vergeben von Regierungen oder Notenbanken, den erschütterten Privatkredit ersetzte. Auf diese Weise wanderten die notleidenden Kredite in die Hand des Staates. Die nächste Stufe wäre ein Vertrauensverlust des öffentlichen Kredits gewesen. Dazu kam es in dieser Phase aber nicht.

„Wir standen vor einer Situation, die schlimmer als 1929 zu werden drohte. Niemand traute mehr irgend jemandem im Bankensystem", erinnerte sich der damalige britische Premierminister Gordon Brown. „Die Menschen gerieten in Panik und fragten sich, welche Bank als Nächstes zusammenbrechen würde. Das Finanzsystem stand am Abgrund."[21] Unter dem gewaltigen Druck der Märkte entschlossen sich die Regierungen, nationale Gesamtgarantien abzugeben. In aller Eile verabschiedete die US-Regierung am 3. Oktober ein 700 Milliarden Dollar schweres Rettungspaket für ihr Finanzsystem. Die Bundesregierung folgte am 13. Oktober mit einem Rettungsschirm von 480 Milliarden Euro: 80 Milliarden Eigenkapitalhilfe, 400 Milliarden für Kreditgarantien der Banken.

Der Staat bäumte sich gewaltig auf, mischte sich ein, schreckte nicht vor Zwangsmaßnahmen zurück. In der Not der Stunde gehörten Verstaatlichungen zu einem allgemein akzeptierten Mittel der Krisenbewältigung.

In den USA ging Finanzminister Paulsen so weit, dass er die Großbanken zu einer dramatischen Sitzung zusammenrief, um ihnen einen Staatskredit zur Wiederherstellung des verlorenen Vertrauens aufzuzwingen. Dies kam einer temporären Verstaatlichung des Bankensystems gleich. Das Kapital etlicher Finanzinstitute, darunter das von AIG, Royal Bank of Scotland und von der deutschen HRE wurde durch Verwandlung in Staatskapital gerettet.

---

21 Brown (2011), S. 84.

Die angeblich so liberalen Länder USA und Großbritannien gingen in der Verstaatlichungspolitik voran. Eine Art Planwirtschaft breitete sich vor allem in den bürgerlich-vornehmen Hallen der Finanzwirtschaft aus, ohne dass die liberale Presse dies als „Weg in die Knechtschaft" brandmarkte. Der Neoliberalismus, der mehr als 20 Jahre die Meinungshoheit besessen hatte, blickte verschämt auf den Scherbenhaufen, den die „unsichtbare Hand der Märkte" entgegen der eigenen dogmatischen Lehre überall angerichtet hatte. Er ließ den Staat gewähren, ohne sich aufzulehnen. In seiner Orientierungslosigkeit wechselte er die Fahne. Er interpretierte die chaotische Lage in eine „keynesianische Situation"[22] um, in der nun aller Staatsinterventionismus zur Rettung des kapitalistischen Systems erlaubt sei. Noch wenige Monate zuvor hätte man dies als sozialistische Gräueltat zurückgewiesen.

5) März 2009 bis Ende 2010:
Phase relativer Stabilisierung

Die Staaten hatten mit ihren Interventionen die Kernschmelze des Finanzsektors erst einmal verhindert. Sie legten ihre gesamte Autorität und ihre Finanzmacht in die Waagschale, um die Panik zu lindern. Die Regierungen verschuldeten sich, wie es sonst nur in Kriegszeiten der Fall war. Die Notenbanken stell-

---

22 „Wir haben eine keynesianische Situation", rief Herr Professor Hans-Werner Sinn aus, nachdem er in seinem vier Jahre zuvor erschienenen Buch vehement für den Neoliberalismus gestritten hatte. „Sicherlich braucht man die keynesianische Therapie nicht, wenn man schon unter Bluthochdruck leidet ... Doch heute haben wir eine Rezession mit Nachfrageausfällen und einer übermäßigen Tendenz zum Horten von Geld, die man als keynesianische Krankheit bezeichnen kann und dafür brauch man die keynesianische Medizin." Eine harmlose Umschreibung der ökonomischen Katastrophe, die damals gerade ihren Höhepunkt erreichte. Dass Hilfen nur die besitzenden Klassen erhalten sollten, machte der Ökonom den Lohnabhängigen klar, indem er zweifelsfrei festlegte: „Zur keynesianischen Medizin gehören ... keine Lohnerhöhungen." Sinn (2009), S. 227f.

ten alle erforderlichen Geldmittel zur Verfügung. Zur Entlastung senkten sie die Zinsen und stützten durch Wertpapierkäufe die Märkte. Die Konsequenz all dieser Maßnahmen bestand darin, dass zunächst im Finanzsektor eine relative Stabilisierung einsetzte.

Die Frage, ob dieser Kraftakt nur ein Pyrrhussieg ist, gewissermaßen eine Vorbereitung für einen späteren Staatsbankrott und für eine schwere Vertrauenskrise der Notenbanken, oder ob die ungewöhnlichen Interventionen tatsächlich eine nachhaltige Befestigung des Finanzsystems bringen werden, soll uns erst später beschäftigen. Hier geht es noch um den Kraftakt selbst, der zu schultern war.

Rund 5.000.000.000.000 Euro zur Rettung des Finanzsektors

	in Milliarden Euro	in % des BIP	in % der Bankaktiva
USA	2491	22.3	25.5
Großbritannien	845	54.0	10.8
Deutschland	700	28.1	8.9
Frankreich	368	18.9	4.8
Niederlande	265	44.6	11.9
Japan	113	2.7	0.9
Australien	62	10.4	4.6
Spanien	31	2.8	0.9
Schweiz	31	8.7	1.5
Italien	10	0.6	0.3
Insgesamt:	4994 Mrd.	18,8 % des BIP	8,3 % der Bankaktiva

Quelle: BIZ

Tabelle 1: Umfang der Rettungsprogramme für den Finanzsektor

Fünf Billionen Euro für Rettungsschirme des Finanzsektors

Eine von der Bank für Internationalen Zahlungsausgleich (BIZ) veröffentlichte Untersuchung („An assessment of financial sector rescue programmes") hat die Rettungsprogramme von elf Ländern für die Zeit von September 2008 bis Juli 2009 zusammengestellt. Die Programme umfassen insgesamt rd. 5000

5) März 2009 bis Ende 2010

Milliarden Euro, was 18,8 Prozent des Bruttoinlandsprodukts (BIP) dieser Länder entspricht.[23]

Tabelle 1 zeigt eine unterschiedliche Betroffenheit der Länder. Der US-Rettungsschirm war mit Abstand der größte; relativ zu ihrem BIP stellten der britische und der niederländische Staat das meiste Geld zur Verfügung.

Die staatlichen Hilfen gliederten sich in Kapitalhilfen, in Käufe von fragwürdig gewordenen Aktiva der Bank und in Garantien. Insgesamt sagten die Industrieländer ihren Banken Kapitalhilfen in Höhe von 677 Milliarden Euro zu, von denen bis September 2009 387 Milliarden ausgezahlt worden waren.

Bei den Garantien für Aktiva verpflichtete sich der Staat, den Banken mögliche Wertverluste auf fragwürdige Wertpapiere und Kredite zu erstatten. Die Garantien, die der Staat für Schulden gab, ermöglichten die Ausgabe von Anleihen zu niedrigeren Zinsen.[24] Hätte der Staat die Rückzahlung nicht mit seiner guten Bonität verbürgt, wären die Zinsen und damit die Refinanzierungskosten der Banken in astronomische Höhen geschnellt.

Hinzu kamen die niedrigen Leitzinsen und die quantitative Lockerung, die es den Banken ermöglichte, sich Geld billig bei der Notenbank zu leihen, um es zu höherem Zins an den Kapitalmärkten anzulegen. Der Staat verhinderte eine massive Entwertung der privaten Kredittitel. Die Ertragslage der Banken musste sich unter solchen Voraussetzungen rasch bessern, so dass einige unter ihnen 2009 wieder hohe Gewinne ausweisen. Dieser Erholungstrend verstärkte sich 2010/11.

---

23   Vergleiche im Folgenden Gerald Braunberger, Fünftausend Milliarden Euro, FAZ vom 4.09.2009

24   „Seit September 2008 haben die Industrienationen Garantien (meist für Schulden) über 4167 Milliarden Euro zugesagt von denen bislang 1557 Milliarden Euro in Anspruch genommen wurden – überwiegend in den USA und Großbritannien. In Deutschland wurden Garantien über 129 Milliarden gezogen, ganz überwiegend von der Hypo Real Estate." (Gerald Braunberger, Fünftausend Milliarden Euro, in FAZ vom 4.9.09)

Parteien und Gewerkschaften am Krankenbett des Kapitalismus

Es fehlte jegliche „demokratische Aufregung" darüber, dass die Aktionen zur Rettung der Banken vielfach intransparent blieben, dass die Große Koalition das Budgetrecht aushebelte und so, wie Harald Schumann es formulierte, „die völlige Entmachtung des Parlaments erzwungen" hatte.[25]

Man war sich einig, dass der Patient Kapitalismus unbedingt überleben musste. Dem Ziel hatte sich alles Weitere unterzuordnen. Die „Solidarität der demokratischen Parteien" erwies sich als nichts anderes als eine heilige Allianz zur Rettung des Kapitalismus. Vor dieser großen Herausforderung lösten sich alle Streitpunkte der Parteien in Nichts auf. Unterschiede, die gerade in Wahlkampfzeiten zum Richtungsstreit verklärt werden, bewiesen ihre völlige Irrelevanz.

---

25 Nach der Tagung des HRE-Untersuchungsausschusses ließ Harald Schumann die kritische Bemerkung fallen: „Während das Publikum so zumindest über die Umstände der HRE-Rettung einiges erfuhr, liegen alle anderen Aktionen zur Bankenstützung nach wie vor im Dunkeln. Denn ausgerechnet zu diesem beim Wahlvolk höchst umstrittenen Programm zur Stützung der Privilegierten hat die Große Koalition das Budgetrecht ausgehebelt und die völlige Entmachtung des Parlaments erzwungen." Harald Schumann, „Bankenrettung", im Tagesspiegel vom 21.8.09. Die Rettungs-Aktionen der US-Notenbank Fed blieben vielfach selbst für die Kontrollorgane intransparent. Eine Kongress-Befragung der Generalinspekteurin des US-Notenbanksystems, Frau Elisabeth Coleman, brachte die Kontrollmängel und die gigantische Verschwendung der Fed ins Rampenlicht einer breiten Öffentlichkeit. „Auf die Frage, ob sie wisse, welche Kreditinstitute Nutznießer der Finanzspritze von einer Billion (1000 Milliarden) Dollar waren, die die Fed seit September in ihrer Bilanz führt, antwortete Coleman, dass sie das nicht wisse." Die Fed habe – wie Reiner Rupp in der jungen Welt (16.5.09) zusammenfasste – „ungeniert als Erfüllungshilfe der Finanzoligarchie" fungiert.

5) März 2009 bis Ende 2010

Weder die Grünen noch die Linkspartei stellten die Rolle des Staates am Krankenbett des Kapitalismus infrage.[26] Der Neoliberalismus, der seit etwa 30 Jahren die Wirtschaftspolitik mehr und mehr bestimmte, war plötzlich nicht mehr präsent, als es um solche gigantischen Staatsinterventionen ging. Alles schien möglich, selbst Verstaatlichungen galten nicht mehr als ökonomisch verwerflich, wenn solche Maßnahmen nur halfen, die kapitalistische Ordnung zu retten.

Es gab also keine ernsthafte Opposition. Alle besitzenden Klassen und Fraktionen hielten in der Stunde der Not zusammen, sahen den Ernst der Lage, wussten, dass es zu der Rettung des Kredit- und Bankensystems keine Alternative gab, jedenfalls keine innerhalb des kapitalistischen Systems. Diesen bürgerlichen Horizont zu überschreiten, dazu waren sie nicht berufen. Ihr Bewusstsein ließ keine wirkliche Alternative zu, da es die bürgerlichen Lebensformen als naturwüchsig, als ewig gültig empfand.

Die Lohnabhängigen spielten in dieser Schicksalsstunde des Kapitalismus keine eigenständige Rolle. Sie hatten sich in die Kämpfe der Kapitalfraktionen und besitzenden Klassen integrieren lassen oder verhielten sich passiv dazu. Die Gewerkschaften und Parteien, die in ihrem Namen auftraten, zeigten sich mit den vermögenden Klassen solidarisch und akzeptierten alle großen Maßnahmen, die der Staat zur Rettung des Kapitalismus vorschlug und verordnete.[27]

---

26 „Die Reparatur des Systems soll an den Machtverhältnissen nichts rühren", kommentiert Elmar Altvater in seinem Buch „Der große Krach" (2010a, S. 217) diese Politik zur Aufrechterhaltung des in die Krise geratenen Kapital-Regimes. Der sozialdemokratische Finanzminister der großen Koalition habe 2008 für die Verstaatlichung einiger Banken plädiert, „um die Finanzinstitute für die Privaten quasi treuhändlerisch zu retten. An der Rolle des ‚Arztes am Krankenbett des Kapitalismus' scheint die Sozialdemokratie auch zu Beginn des 21. Jahrhunderts Gefallen zu finden."

27 Für ihre integrierende Funktion wurden die Gewerkschaften von Regierungs- und Kapitalvertretern immer wieder gelobt. Anlässlich eines Mittagessens mit DGB-Chef Michael Sommer und den Vertretern von acht Einzelgewerkschaften im Berliner Kanzleramt am 28. August

Das Bankenkapital war überwiegend vor der Gefahr der Vernichtung gerettet, ebenso große Teile des fiktiven Kapitals wie Aktien, Anleihen, Zertifikate. Da die Krise nicht bis hin zum Bankrott von Staaten trieb, blieb der Wert von Staatsanleihen nach vorübergehend heftigeren Kursverlusten erhalten.

Gerettet war das Kapital der Banken, Versicherungen, Fonds, Vermögensverwaltungen und dergleichen, nicht aber das in der Warenproduktion und im Warenhandel steckende Kapital, also das im wirklichen Reproduktionsprozess fungierende Kapital. Die Überproduktionskrise vom Herbst 2008 zeigte ein Zuviel an Waren, an Produktionskapazitäten und eingesetzten Arbeitskräften. Eine ungeheure Kapitalvernichtung stand hier an.

Unter solchen Bedingungen musste sich die Konkurrenz der fungierenden Kapitale untereinander außerordentlich verschärfen. Denn es ging nicht mehr, wie in Zeiten wirtschaftlicher Prosperität um höhere Gewinne, sondern um die Vermeidung von Verlusten, die Folge einer Kapitalentwertung sind. Statt das Kapital zu vermehren, konkurrierten die Unternehmen nun um den Erhalt ihres Kapitals. Die Konkurrenz entwickelte sich fort zu einem Kampf ums Überleben.

Jedes Kapital versuchte, die Krisenlasten wegzuschieben. Die Vernichtung des einen erweiterte den Marktanteil des anderen, der auf diese Weise eine neue Chance erhielt, die Krise zu überstehen. Kapitalvernichtung bedeutete also auch Rettung eines konkurrierenden Kapitals.

2009 sagte Merkel, die Gewerkschaften seien „ein wesentlicher Teil der Erfolgsgeschichte". Die Arbeit der Gewerkschaften und Betriebsräte hätte dazu beigetragen, dass die Instrumente des Konjunkturpakets wie Kurzarbeit, Infrastrukturprogramme und die Stützungsmaßnahmen für die Automobilindustrie angenommen worden seien. Die Aufgabe sei nun, diesen Wachstumspfad fortzusetzen, auch mit dem Instrument der Mitbestimmung. Letzteres mussten die Gewerkschaften ebenso als Dankesbeweis interpretieren wie das Wahlkampfversprechen, den Kündigungsschutz unangetastet zu lassen.

5) März 2009 bis Ende 2010

*Wirtschaftsfonds Deutschlandfonds
zur Rettung von einzelnen Unternehmen*

Dieser Kampf wurde nicht nur mit ökonomischen, sondern auch politischen Mitteln ausgetragen. Ein Gerangel um Staatshilfen setzte ein. Die Bundesregierung stellte im Frühjahr 100 Milliarden Euro bereit, um Unternehmen, die durch die große Krise in eine Schieflage geraten waren, durch Überbrückungskredite oder Bürgschaften vor dem Kollaps zu bewahren. Nach den Förderrichtlinien sollten aber nur solche Unternehmen gerettet werden, die bis 1. Juli 2008 keine wirtschaftlichen Probleme und eine Überlebensperspektive hatten. Der Staat verpflichtete sich, die Einzelkapitale gleich zu behandeln, in ihren eigentlichen Konkurrenzkampf nicht einzugreifen. Die Kapitale stritten, mobilisierten ihre Belegschaften, um vom Staat Hilfe zu bekommen. Opel, Heidelberger Druck u. a. gehörten zu den Geretteten, nicht aber Arcandor. Bis Mai 2009 beantragten mehr als 1.000 Unternehmen staatliche Kredite – darunter auch einige Dax-Konzerne.

Konjunkturprogramme in Höhe von zwei Billionen Euro

Die Krise in Industrie und Handel konnte durch die relative Stabilisierung des Kredit- und Bankensystems keineswegs beenden werden, weil sie durch das Desaster an den Finanzmärkten gar nicht verursacht worden war. Sie ging im Herbst 2008 in die Phase eines scharfen Rückgangs von Produktion und Handel, also in die Phase der Depression über.[28]

---

28   Die Krise als besondere Phase des Konjunkturzyklus unterscheidet sich von der nachfolgenden Phase des Rückgangs der Produktion (leichter Rückgang wird heute vielfach Rezession genannt, einen stärkeren Rückgang bezeichnet man traditionell als Depression). Danach folgen Stagnation, Wiederbelebung, Prosperität, Überproduktion und schließlich die Krise. Der Begriff Krise wird in diesem Beitrag meist weiter gefasst. Er schließt den nachfolgenden Rückgang ein, also die Phase, die zur Bereinigung der Krise führt.

Die Rettungsschirme der Staaten und die direkten Finanzhilfen hatten aber verhindert, dass die Unternehmen massenhaft ihre Waren auf den Markt werfen mussten, um selbst zahlen zu können. Dies blieb den Unternehmen zwar weitgehend erspart, an der Tatsache der Überproduktion änderte sich jedoch nichts. Auch die Kredit- und Kapitalhilfen aus dem Rettungsfonds Deutschland brachten keine neue Nachfrage. Je tiefer die fungierenden Kapitale in die Krise rutschten, desto stärker wurde ihr Interesse an umfassenderen Konjunkturprogrammen. Vor allem die stärker auf den Inlandsabsatz ausgerichteten Kapitale setzten sich für umfangreiche Konjunkturprogramme im Inland ein.

Nach Berechnungen des Handelsblatts (23.6.2009) summierten sich bis Mitte Juni 2009 die Konjunkturprogramme der Industriestaaten auf einen Gesamtwert von mehr als 2.000 Milliarden Euro; davon USA 585, Japan 560, China 460, Deutschland 82 und Italien 80 Milliarden Euro.

Der Internationale Währungsfonds schätzte die Konjunkturprogramme der G20-Staaten in den drei Jahren von 2008 bis 2010 auf ein Volumen von 1.130 Milliarden Euro. Das entspricht immerhin etwa 2,6 Prozent des Bruttoinlandsprodukts (BIP) der Welt (43 Billionen Euro), oder 3,4 Prozent des BIP der erfassten Länder. 2009 sollte ungefähr die Hälfte konjunkturell wirksam werden. Auf die USA entfielen etwa 214 Milliarden Euro, auf die vier größten EU-Staaten 87 Milliarden Euro. Die EU-Kommission bezifferte den Gesamt-Expansionseffekt auf etwa 2,5 Prozent des BIP.

In Deutschland trat am 21.12.2008 das Konjunkturpaket I unter der gesetzlichen Bezeichnung „Beschäftigungssicherung durch Wachstumsstärkung" in Kraft. Es sah befristete Maßnahmen zur Konjunkturbelebung vor, darunter die Wiedereinführung der degressiven Abschreibung für bewegliche Wirtschaftsgüter, die Möglichkeit der Inanspruchnahme von Investitionsabzugsbeträgen und Sonderabschreibungen für kleinere und mittlere Unternehmen sowie die Ausweitung der Absetzbarkeit von Handwerkerleistungen. Das Konjunkturpaket II vom 02.03.2009 (Gesetz zur Sicherung von Beschäftigung und Stabilität in Deutschland) beinhaltete die Abwrackprämie, eine

5) März 2009 bis Ende 2010

einmalige Bonuszahlung für Kindergeldberechtigte, die Erleichterung von Kurzarbeit, eine schrittweise Senkung der Einkommensteuer, eine Senkung des GKV-Beitragssatzes, öffentliche Investitionen, ein Innovationsprogramm Mittelstand sowie Forschungsförderung im Bereich Mobilität. Das nach den Bundestagswahlen verabschiedete Gesetz zur Beschleunigung des Wirtschaftswachstums (Wachstumsbeschleunigungsgesetz vom 22.12.2009) sah eine Erhöhung von Kinderfreibetrag und Kindergeld, eine Verbesserung der Abschreibungsmöglichkeiten für Unternehmen, eine Entlastungen bei der Erbschaftsteuer und einen ermäßigten Umsatzsteuersatz auf Hotelübernachtungen vor. Zudem sollte der Ausbau erneuerbarer Energien gefördert werden, mit dem nationalen Ziel, „Deutschlands Technologieführerschaft zu sichern".

Nationaler Charakter der Wirtschaftspolitik

Der Kampf der Kapitale hatte sich als Folge der Krise auf allen Gebieten verschärft, nicht nur zwischen den Kapitalsektoren innerhalb eines Landes, sondern auch zwischen den nationalen Kapitalen. Entgegen manchen Globalisierungsvorstellungen, wonach sich die Nationalökonomien in eine globalisierte Weltwirtschaft auflösen würden, traten die nationalen Interessen stärker hervor. Es gab keinen globalen Rettungsschirm für den Finanzsektor, obwohl gerade hier die Globalisierung besonders ausgeprägt war. Jede einzelne Nation tat wirtschaftspolitisch genau das, was dem Interesse ihres nationalen Standortkapitals entsprach. Sie organisierten maßgeschneiderte Rettungsschirme für ihr besonderes Interesse, sie nationalisierten Finanzinstitute in dem Maße, wie es zur Stabilisierung des Systems erforderlich war. Selbst innerhalb der EU war dies der Fall. Kein Staat wollte die Risiken anderer Länder tragen.

Bei den Konjunkturprogrammen verhielt es sich ähnlich. Es waren nationale Konjunkturprogramme. Und der nationale Charakter trat zusätzlich hervor, indem die Staaten zu vermeiden versuchten, dass auswärtige Kapitale zu stark in den Genuss der bereitgestellten Mittel kommen. Sie schmuggelten deshalb in ihre Konjunkturprogramme protektionistische Klauseln hinein, mit denen auswärtige Exporteure diskriminiert werden sollten.

Protektionismus

Die „Buy American"-Klausel des US-Konjunkturpaketes („American Recovery and Reinvestment Act of 2009") war dafür ein Beispiel. Danach sollten für öffentliche Infrastrukturprojekte nur Eisen, Stahl und Baumaterialen von US-Herstellern verwendet werden, sofern sich durch den Einsatz ihrer Produkte das Gesamtprojekt nicht um mehr als 25 Prozent verteuerte.[29]

Nach der Umfrage der Europäischen Handelskammer in China von Juni 2009 beklagte jedes zweite Unternehmen den wachsenden Protektionismus. Anfang Juni 2009 hatte Peking angeordnet, bei Käufen und Aufträgen für das umgerechnet 415 Milliarden Euro schwere Konjunkturprogramm nationale Produkte zu bevorzugen. Ausländische Waren durften danach nur mit Sondergenehmigung angeschafft werden. Diese „Kaufchinesisch"-Klausel löste internationale Kritik aus.

Frankreich verband seine Hilfe für die Autoindustrie mit der Verpflichtung, dass die Empfänger in Frankreich keine Werke schließen dürften. Gleiches tat die deutsche Regierung, als sie sich über EU-Recht hinwegsetzte und ihre Opelhilfe vom Erhalt aller deutschen Werke abhängig machte. Andere Länder taten Ähnliches.

Der Protektionismus wurde eine Form des Kampfes, die mehr und mehr um sich griff, keineswegs nur in Gestalt der nationalen Konjunktur- und Rettungsprogramme. Unter dem Deck-

---

29 Bislang erhielten US-Anbieter den Zuschlag, wenn sie bei einem vorgeschriebenen lokalen Fertigungsanteil von gut 50 Prozent um nicht mehr als 6-9 Prozent über dem Angebot ausländischer Anbieter lagen. Diese Diskriminierung ausländischer Anbieter hat das aktuelle Konjunkturpaket dadurch verschärft, dass inländische Anbieter den Zuschlag solange erhalten, bis durch die Verwendung ihrer Produkte das Gesamtprojekt nicht um mehr als 25 Prozent verteuert wird. Da die Verteuerung auf das Gesamtprojekt bezogen wird, liegt ein versteckter Importzoll von weit mehr als 25 Prozent vor.

5) März 2009 bis Ende 2010

mantel von Freihandelsproklamationen haben die Staaten seit dem offenen Ausbrechen der Wirtschaftskrise im Herbst 2008 die protektionistische Waffe diskret, vielfältig und immer massiver eingesetzt. Nach Angaben der Weltbank führten die G-20-Staaten von Oktober 2008 bis Mitte 2009 89 Maßnahmen ein, die den Welthandel beschränken, allein 23 davon hatten sie seit dem Bekenntnis zum Freihandel ergriffen, das auf dem G20-Gipfel Anfang April abgegeben worden war.

Beim G20-Gipfel in Pittsburgh Ende September 2009 berichtete ein Beamter des Pekinger Handelsministeriums, die Industrieländer hätten 90 Prozent aller Strafaktionen gegen China zu verantworten. Dies hätte chinesischen Herstellern in den ersten acht Monaten 2009 zehn Milliarden Dollar gekostet.[30]

Die WTO meldete ebenfalls im Frühjahr 2009 eine Vielzahl neuer Handelsrestriktionen in Form von Zollerhöhungen.[31] Die USA verhängten Strafzölle auf chinesische Reifenimporte, worauf China Ermittlungen wegen der angeblichen Ausfuhr von Hühnerfleisch und Autoteilen aus den USA zu Schleuderpreisen einleitete. Die Staaten verhielten sich hier nur als Anwalt von Kapitalinteressen. Das Handelsministerium in Peking sprach von Klagen heimischer Hersteller über „unfairen Wettbewerb."[32]

Subventionen und direkte Hilfen für Unternehmen verschafften einen Konkurrenzvorsprung auf dem Weltmarkt vor allem gegenüber solchen Unternehmen, die nicht mit entsprechender staatlicher Förderung rechnen konnten. Für Firmen aus ärmeren Ländern sei es ohnehin schwer, wie Joseph E. Stiglitz

---

30   Andreas Hoffbauer, Eric Bonze: Zwischen Europäischer Union und China droht harter Handelskrieg, Handelsblatt 28.09.2009

31   Russland erhöhte seit November 2008 den Einfuhrzoll für Stahl- und Eisenprodukte auf 15-20 Prozent, für Pkw auf 30 Prozent sowie für Lkw und Busse auf 25 Prozent. Die Türkei setzte die Einfuhrabgaben für verschiedene Eisenprodukte herauf; seit Ende 2008 von rund 5 Prozent auf 15 Prozent. Indien führte Anfang 2009 für eine Reihe von Stahl- und Eisenprodukte den früheren Zollsatz von 5 Prozent wieder ein. Hinzu kommen Außenzölle in etlichen lateinamerikanischen Ländern.

32   dpa-Meldung laut Tagesspiegel vom 15.9.09

vermerkte, mit „kapitalstarken US-Unternehmen" zu konkurrieren. Aber noch viel schwerer sei es, „gegen Washington anzutreten." In Verkennung der nationalökonomischen Eigeninteressen der Länder gab er den weltfremden Ratschlag: „Es ist zwar verständlich, dass die reichen Länder solche Subventions- und Rettungsprogramme beschließen, aber die negativen Folgen für die Entwicklungsländer müssen mit bedacht werden."[33]

6) Anfang 2010 bis heute: Wirtschaftserholung, Sparprogramme, drohende Staatspleiten

Die Staatsinterventionen in den Finanz- und Wirtschaftssektor führten zunächst einmal dazu, dass eine relative Stabilisierung sowohl an den Finanzmärkten als auch im Sektor der Warenproduktion einsetzte: Unternehmen und Banken wurden gerettet, die Nachfrage der Geschäftsleute untereinander stabilisierte sich, Konjunkturprogramme schufen zusätzliche Nachfrage nach Waren.

Initiiert von solchen Konjunktur- und Rettungsprogrammen, die in allen größeren Ländern zum Schutz der nationalen Produktion aufgelegt worden waren, und gestützt auf die niedrigen Zinsen setzte in den bedeutendsten Industrienationen eine wirtschaftliche Erholung ein. Starke Wachstumsimpulse gingen von China aus, wo die Regierung mit gigantischen Konjunkturprogrammen das hohe Wachstumstempo der Industrie aufrechterhalten wollte. Welthandel und Weltproduktion belebten sich. Der befürchtete Rückschlag blieb bislang aus. Die Wirtschaftserholung in den großen Regionen erwies sich als stark genug, um von einem V-förmigen Anstieg zu sprechen.

So beeindruckend dieser Erholungsprozess auch war, die Ökonomien in den USA, Japan und Europa liegen im Durchschnitt noch unter ihrem Vorkrisenniveau. Auch ist festzuhalten, dass die Länder, die infolge einer frühzeitig einsetzenden Fiskalkrise nicht über die Mittel verfügten, um die Konjunktur

---

33 Stiglitz, Anpacken und zwar sofort, Le Monde diplomatique, Sept. 2009.

6) Anfang 2010 bis heute

anzukurbeln oder gezwungen waren, stattdessen Sparprogramme einzuleiten, an dem Aufschwung des Weltmarktes nicht teilnahmen. Dazu gehören Spanien, Portugal und Irland; der besonders hochverschuldete griechische Staat vernichtete durch seine Sparprogramme Kaufkraft in solch einem Umfang, dass die wirtschaftliche Depression trotz des Aufschwungs am Weltmarkt bis zuletzt anhielt.

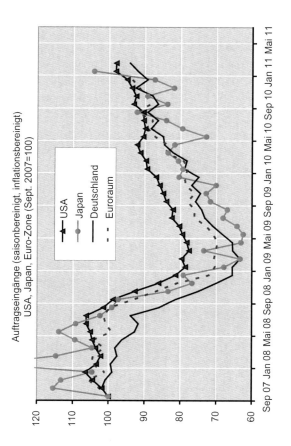

Grafik 4: Internationale Konjunkturindikatoren

Drohende Staatspleiten erzwingen Euro-Rettungsschirme

Seit Frühjahr 2010 verschärfte sich die Staatsschuldenkrise in einem solchen Umfang, dass sie vor allem in der Eurozone eine neue Qualität erhielt. Bereits zuvor hatte es etliche Schuldenkrisen gegeben, die insgesamt aber ein weniger großes Ausmaß erreichten und durch Feuerwehraktionen vor allem durch die des IWF begrenzt werden konnten. Am 19. November 2008 gewährte der IWF Island einen Kredit von 2,1 Milliarden Dollar, der durch verschiedene Länderhilfen weiter aufgestockt wurde. Als die ungarische Regierung im Oktober 2008 die Landeswährung Forint um 15 Prozent abwertete, brach der ungarische Markt für Staatsanleihen zusammen. Trotz Sparprogrammen war eine Kreditfinanzierung über den Kapitalmarkt nicht mehr möglich. Der IWF, die EU und die Weltbank retteten Ungarn mit 20 Milliarden Euro. Dubai drohte die Pleite 2008/2009; Beinahe-Staatsbankrotte gab es in Rumänien (2009), in Lettland (2009) und in der Ukraine (2009).[34]

Im Frühjahr 2010 stand Griechenland, im Herbst 2010 Irland und im April 2011 Portugal vor einem Staatsbankrott. Die Staatsschuldenkrise drohte auf weitere Länder der Eurozone überzuspringen. Versteigerungsaktionen von Staatsanleihen entwickelten sich zum Testfall für die Kreditwürdigkeit der Staaten. Britische Finanzakteure erfanden für die angeschlagenen Euro-Länder die wenig schmeichelhafte Bezeichnung Pi(i)gs (Schweine), womit die stark gefährdeten Staaten Portugal, Irland, (Italien), Griechenland und Spanien gemeint waren.

Fällige Staatsanleihen, Zinszahlungen und neue Schulden (in Mrd. Euro)						
	2010	2011	2012	2013	2014	2015	Summe*
Griechenland	47	58	50	40	46	33	274
Portugal	35	31	20	17	22	17	142
Irland	28	25	22	18	19	9	121
Italien	357	300	256	183	170	164	1430
Spanien	188	179	135	99	93	70	764

Quelle: Faz vom 4.5.2010; *Summe jeweils für 2010 bis 2015

Tabelle 2: Finanzbedarf ausgewählter Staaten der Eurozone

---

34   Weiteres dazu bei Grandt (2010), S. 138ff

6) Anfang 2010 bis heute

Mit einer Schuldenquote von 140 Prozent und einer anhaltend hohen Neuverschuldung war der griechische Staat besonders gefährdet: Hohe und weiter steigende Risikoaufschläge verteuerten die Kreditaufnahme derart, dass dem Staat eine Zahlungsunfähigkeit drohte. Zudem setzte eine Kapitalflucht ein. Die griechische Zentralbank bezifferte das Volumen der Mittel, die zwischen Oktober 2009 und Mitte April 2010 von den griechischen Banken abgeflossen worden waren, auf vier Milliarden Euro; nach nicht offiziellen Schätzungen waren es mehr als zehn Milliarden Euro.[35] Rentner sollen größere Beträge von ihren Bankkonten abgehoben haben, Guthaben wurden von griechischen Banken zu den Filialen ausländischer Banken transferiert. Um den herannahenden Staatsbankrott abzuwehren, stellte die Euro-Gruppe in Zusammenarbeit mit dem IWF am 12.4.2010 bilaterale Kredithilfen in Höhe von 110 Milliarden Euro zur Verfügung.

Die Kapitalmärkte misstrauten selbst diesen Maßnahmen. Großanleger verkauften panikartig griechische Staatsanleihen, so dass die Renditeaufschläge gegenüber den zehnjährigen Bundesanleihen bis Anfang Mai 2010 von knapp vier Prozent auf fast zehn Prozent hochschossen.

Getrieben von den Kapitalmärkten entschlossen sich die Staats- und Regierungschefs der EU Anfang Mai 2010 unter Beteiligung des IWF einen Rettungsschirm für die gesamte Eurozone aufzuspannen. Erst das brachte eine gewisse Beruhigung, so dass die Risikoaufschläge wieder zurückgingen, nicht nur für griechische sondern auch für die in den Verkaufsstrudel geratenen irländischen, portugiesischen und spanischen Staatsanleihen.

Der EU-Rettungsschirm besteht aus drei Säulen: dem Europäischen Finanzstabilitätsmechanismus (EFSM), der Europäischen Finanzstabilitätsfazilität (EFSF) und aus den Kredithilfen des Internationalen Währungsfonds (IWF).

Tabelle 3 gibt einen Überblick über Finanzmodalität der drei Stützen des EU-Rettungsschirms.

---

35 „Griechische Banken stemmen sich gegen Kapitalflucht", in: FAZ vom 20.4.10

Zur Finanzierung der Kredite emittiert die EFSF Bonds, die von den nicht gestützten Euro-Staaten anteilig garantiert werden. Die EZB sagte bereits zu, solche Bonds als Collateral für Repos zu akzeptieren, was dann daraus hinauslaufen kann, dass die EZB indirekt die Finanzierung am Rande des Bankrotts stehender Staaten vornimmt. Ebenso die Entscheidung der EZB, herabgestufte Staatsschuldpapiere der Eurozone unbegrenzt zu akzeptieren, sowie der direkte Kauf solcher Papiere birgt erhebliche Risiken. Auf die Frage, ob die EZB wie eine Bad Bank agiere, sagte der Chefvolkswirt der Deutschen Bank, Thomas Mayer: „Genau das ist das Problem. Sie droht zur Bad Bank zu werden." Der Markt fürchte, dass die EZB als Auffangbecken benutzt werde und sich ihre Bilanz dadurch verschlechtert. „Denn manche Staaten, deren Anleihen die Zentralbank jetzt kauft, können trotz aller Stützung in die Pleite gehen. Der dann drohende Forderungsverlust würde bei den Notenbanken des Euro-Systems zu Abschreibungen führen."[36]

Die emittierten EFSF-Bonds haben den Charakter von Euro-Bonds, die zuvor von der Bundesregierung strikt abgelehnt worden waren. „Es handelt sich um eine der gravierendsten Fehlentscheidungen in der Geschichte der Bundesrepublik Deutschland", kommentierte Hans Werner Sinn vom Ifo Institut den Rettungsschirm. Deutschland sei „über den Tisch gezogen worden". Jetzt bekämen die Schuldnerländer eine „Vollkaskoversicherung ohne Selbstbehalt". In Briefen an alle Bundestagsabgeordneten rief Sinn dazu auf, das Gesetz abzulehnen.[37]

Nach Griechenland nahm am 28.11.2010 Irland den Rettungsschirm in Anspruch, im April 2011 folgte Portugal.

Durch den europäischen Rettungsschirm ließ sich die Lage zwar etwas beruhigen, die Finanzkrise in den Staatshaushalten schwelte aber weiter, so dass die Risikoprämien hoch blieben. Da ein Ende der Schuldenkrise nicht absehbar war, beschlossen die Staats- und Regierungschefs Ende März 2011, den 2013 auslaufenden Krisenfonds EFSF (European Financial Stability Facility) durch den dauerhaft geltenden Europäischen Stabilitäts-

---

36   FAZ vom 18.5.2010
37   Hans Werner Sinn in: FAZ vom 21.5.2010

mechanismus (ESM) zu ergänzen. Als nominales Volumen sind dann 700 Milliarden Euro vorgesehen (80 Milliarden als Bareinlage und 620 Milliarden als Garantie oder abrufbares Kapital); daraus errechnet sich bei einem Toprating AAA ein Ausleihevolumen von 500 Milliarden Euro. Deutschland bürgt anteilsmäßig für 168 Milliarden und zahlt fast 22 Milliarden als Bareinlage. Zusammen mit den IWF-Krediten stehen 750 Milliarden Euro zur Verfügung. Dadurch werde die „Währungsunion zur Transferunion", kommentierte Holger Steltzner die Beschlüsse, „mit Deutschland und Frankreich als Retter vom Dienst."[38]

Mit dem Euro-Rettungsschirm hat die Verschuldung eine höhere Stufe erreicht. Wurde anfangs der notleidende private Kredit durch den öffentlichen Kredit des jeweiligen Staates ersetzt, so wird jetzt der notleidende öffentliche Kredit einiger besonders gefährdeter Staaten durch den allgemeinen Kredit aller Euro-Staaten ersetzt. Als letzter Stabilitätsanker dienen jetzt die relativ stabilsten Länder, deren Schuldensituation keineswegs komfortabel ist. Der Anker ist bereits brüchig.

Die bisherige Schuldenpolitik war nichts anderes als eine Politik des Aufschubs. Die Risiken, die durch die große Krise entstanden waren, sind im Gesamtsystem geblieben. Aus dem ökonomischen Sektor wanderten sie im Zuge der staatlichen Antikrisenpolitik in den Staatssektor, anfangs in die Budgets der jeweiligen Nationalstaaten, inzwischen verteilt auf die Budgets aller Staaten. Soweit die Risiken im Zuge der Geld- und Kreditpolitik in die Bilanz der EZB gewandert sind, haben sie bereits einen allgemeinen Charakter angenommen.

---

38 „Transferunion", Kommentar von Holger Steltzner in der FAZ vom 25.3.2011. Claus Döring, Chefredakteur der Börsen-Zeitung (26.3.2011), bewertete die Vereinbarung zum Europäischen Stabilitätsmechanismus als „Sargnagel für die Währungsunion". Europas Regierungen hätten einen Mechanismus etabliert, „der die Krise nicht beenden, sondern perpetuieren wird".

Kapitel I. Phasen des bisherigen Krisenprozesses

EU-Rettungsschirm
Europäischer Finanzstabilisierungsmechanismus (EFSM) **EUR 60 Mrd.**
▶ Garantiert durch EU-Budget: Verpflichtungsermächtigungen derzeit i.H.v. EUR 141 Mrd.   ▶ Steht allen 27 EU-Staaten zur Verfügung   ▶ Alle 27 EU-Staaten haften gesamtschuldnerisch   ▶ Keditvergabevoraussetzung: strenge IWF/EU-Konditionalität   ▶ Verwaltet von der Europäischen Kommission   ▶ Geplante Emissionen für 2011: EUR 17,6 Mrd. in 4 bis 5 Tranchen, 3 davon im ersten Halbjahr   ▶ Geplante Emissionen für 2012: EUR 4,9 Mrd.   ▶ Laufzeit der Schuldverschreibungen: 5, 7 und 10 Jahre   ▶ Triple-A-Rating   ▶ Emissionen ausschließlich in Euro   ▶ Anleihemanagement durch Europäische Kommission

Tabelle 3: Finanz-

6) Anfang 2010 bis heute

750 Milliarden Euro	
Europäische Finanzierungsfazilität (EFSF) **max. EUR 440 Mrd.**	Internationaler Währungsfonds (IWF) **max EUR 250 Mrd.** Beteiligung bis zur Hälfte des Stützungsvolumens von EFSM und EFSF
▶ Garantiert durch 16 Euro-Staaten ▶ Steht ausschließlich Euro-Staaten zur Verfügung ▶ Nicht gestützte Euro-Staaten haften auf pro rata-Basis gemäß den Anteilen am gezeichneten EZB-Kapital ▶ Kreditvergabevoraussetzung: strenge IWF/EU-Konditionalität ▶ Verwaltet von eingesetzter Zweckgesellschaft ▶ Geplante Emissionen für 2011: EUR 16,5 Mrd. in 3 Tranchen, 2 davon im ersten Halbjahr ▶ Geplante Emissionen für 2012: EUR 10 Mrd. ▶ Laufzeit der Schuldverschreibungen: 5, 7 und 10 Jahre ▶ Triple-A-Rating ▶ Keine Beschränkung, Großteil sollte in Euro emittiert werden ▶ Anleihemanagement durch Deutsche Finanzagentur	

modalitäten des EFSM und der EFSF

Sparprogramme

Die sich verallgemeinernde Staatsschuldenkrise engte den Spielraum für weitere Staatsinterventionen ein. Dies war ein mächtiger Bremsklotz für eine Fortsetzung der keynesianischen Wirtschaftspolitik. Gerade erst begonnen, endete der keynesianische Frühling bereits im Jahresverlauf 2010. An die Stelle von Konjunkturprogrammen traten Sparprogramme mit weiteren Sparankündigungen, die allesamt auf eine drastische Reduzierung der staatlichen Neuverschuldung abzielten.

In Deutschland feierte der Neoliberalismus einen politischen Erfolg, als er mithalf, die öffentliche Meinung in der Weise zu beeinflussen, dass der Bundestag mit einer Zwei-Drittel-Mehrheit die Schuldenbremse im Grundgesetz verankerte. Diese Regelung besagt, dass der Bund und die Länder „grundsätzlich ohne Einnahmen aus Krediten" auskommen müssen. Für den Bund bedeutet dies, dass er ab dem Jahre 2016 maximal 0,35 Prozent des BIP an neuen Schulden aufnehmen darf.

„Es ist ein Gottesgeschenk", feierten neoliberale Professoren diesen Sieg, „dass im Grundgesetz inzwischen eine Schuldenbremse für den Staat installiert ist: eine Regel, die eine nachhaltige Erhöhung des staatlichen Schuldenstandes ausschließt. Ausnahmsweise war der Heilige Geist beim Gesetzgeber".[39]

Das Jahr 2010 war das Jahr der Sparprogramme überall in Europa. Diese fielen je nach nationaler Verschuldungs- und Konjunktursituation unterschiedlich heftig aus, griffen aber in jedem Fall in die Lebensbedingungen der Lohnabhängigen ein. Bei allen nationalen Unterschieden stellten die Sparprogramme mal mehr, mal weniger darauf ab, die Massensteuern zu erhöhen, die Sozialausgaben sowie die Lohnkosten vor allem im Öffentlichen Dienst zu kürzen und die Bedingungen für eine beschleunigte Akkumulation des Kapitals zu verbessern. Die ersten und die dritten Maßnahmenbündel zielten auf eine Erhöhung der Staatseinnahmen, mit den zweiten sollten die Staatsausgaben reduziert werden.

---

39   Johann Eekhoff, Lars P. Feld, Olaf Sievert: Neuen Schuldenargumenten kein Ohr leihen, in der FAZ vom 16.7.2010

6) Anfang 2010 bis heute

Das deutsche Sparprogramm, das im europäischen Vergleich noch recht milde ausfiel und am 29.10.2010 den Bundestag passierte, sieht vor, bis 2014 etwa 80 Milliarden Euro einzusparen; 30 Milliarden davon sollen Erwerbslose und die Empfänger von Arbeitslosengeld II tragen. Die Staatseinnahmen sollen durch Steueranhebungen (darunter eine Luftverkehrsabgabe für Passagiere sowie die Erhöhung von Öko- und Tabaksteuer) steigen.

Ein „eisernes Sparprogramm" wurde den Lohnabhängigen Großbritanniens aufgebürdet: Erhöhung des Renteneintrittsalters, Einsparungen bei Sozialleistungen (darunter Erhöhung der Studiengebühren auf durchschnittlich 8.000 Euro pro Jahr, Kürzungen diverser Sozialleistungen für Arbeitslose), Stellenstreichungen im öffentlichen Dienst, Erhöhung vor allem der Mehrwertsteuer. Bis Mai 2015 sollen sich die Einsparungen auf 83 Milliarden Pfund (ca. 93. Milliarden Euro) belaufen. Zusammen mit den Steueranhebungen beläuft sich das restriktive Fiskalprogramm auf 113 Milliarden Pfund.

In Irland testete die Regierung in ihren Blut-Schweiß-und-Tränen-Programmen, wie weit sie gehen kann, ohne Auslöser für einen Aufstand zu werden. Während die Körperschaftssteuer extrem niedrig blieb, wurden die Massensteuern (vor allem die Mehrwertsteuer) ein weiteres Mal angehoben; dazu Sozialkürzungen von 13 Prozent, Stellenstreichungen um 40 Prozent im öffentlichen Dienst und Senkung der Mindestlöhne. Geplant war, in den vier Jahren bis Ende 2014 durch Ausgabenkürzungen und höhere Steuern einen weiteren Konsolidierungsbeitrag von 15 Milliarden Euro zu erzielen. Diese Summe ist nach Angaben des irischen Finanzministers Brian Lenihan doppelt so hoch wie Ende 2009 angekündigt und entspricht rund zehn Prozent des BIP. Bis Ende 2015 soll die Neuverschuldung von 32 Prozent des BIP (2010) auf unter drei Prozent gesenkt werden.

Das portugiesische Sparpaket sieht Gehaltskürzungen im öffentlichen Dienst von fünf Prozent und eine Anhebung der Mehrwertsteuer von 21 auf 23 Prozent vor.

Massenstreiks haben den griechischen Sparprogrammen hohe Bekanntheit verliehen. Durchgepeitscht im Parlament steht der griechischen Arbeiterklasse nach bereits zwei entbeh-

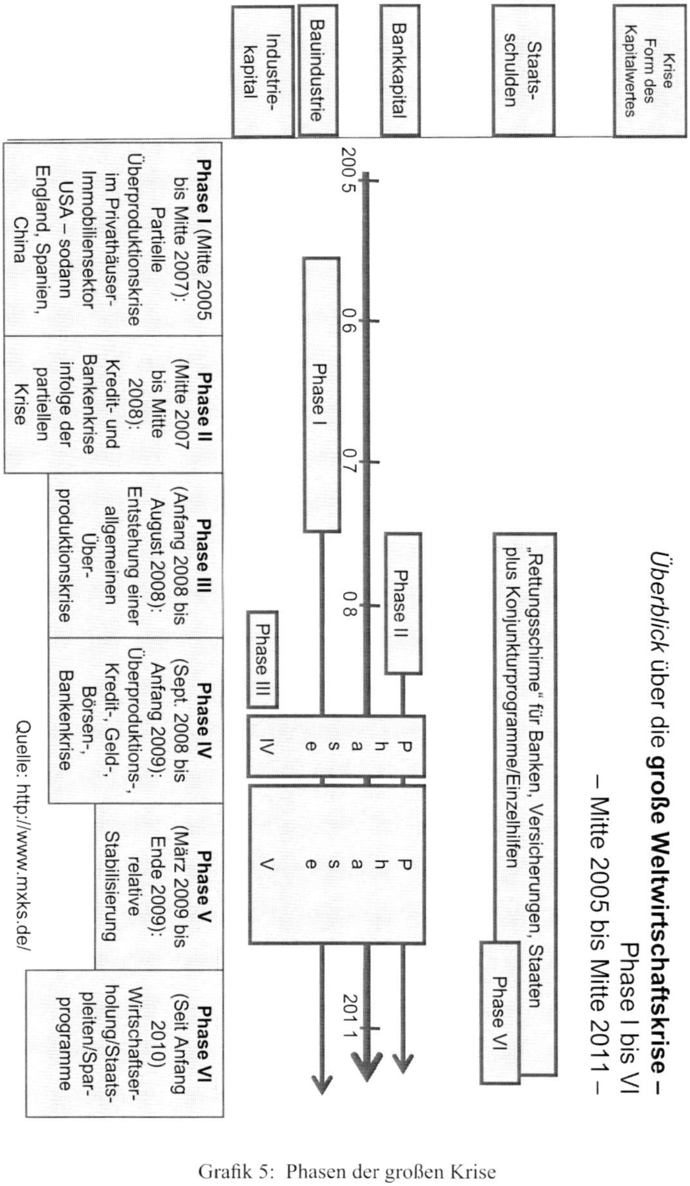

Kapitel I. Phasen des bisherigen Krisenprozesses ...

Überblick über die große Weltwirtschaftskrise –
– Phase I bis VI
– Mitte 2005 bis Mitte 2011 –

Krise Form des Kapitalwertes
Staatsschulden
Bankkapital
Bauindustrie
Industriekapital

Phase I (Mitte 2005 bis Mitte 2007): Partielle Überproduktionskrise im Privathäuser-Immobiliensektor USA – sodann England, Spanien, China

Phase II (Mitte 2007 bis Mitte 2008): Kredit- und Bankenkrise infolge der partiellen Krise

Phase III (Anfang 2008 bis August 2008): Entstehung einer allgemeinen Überproduktionskrise

Phase IV (Sept. 2008 bis Anfang 2009): Überproduktions-, Kredit-, Geld-, Börsen-, Bankenkrise

Phase V (März 2009 bis Ende 2009): relative Stabilisierung

Phase VI (Seit Anfang 2010) Wirtschaftserholung/Staatspleiten/Sparprogramme

„Rettungsschirme" für Banken, Versicherungen, Staaten plus Konjunkturprogramme/Einzelhilfen

Quelle: http://www.mxks.de/

Grafik 5: Phasen der großen Krise

56

rungsreichen Jahren ein weiterer Sozialschock bevor: zusätzliche Kürzungen der Löhne und Gehälter, weitere Erhöhung der Mehrwertsteuer, Senkung der Besteuerung der nicht ausgeschütteten Unternehmergewinne, Anhebung kommunaler Tarife (Metro-Preise in Athen steigen um 30 Prozent) und Tariferhöhungen durch andere Staatsbetriebe, die ihre Defizite senken müssen.

Zusammenfassung

Grafik 5 liefert einen Überblick über alle bisherigen Phasen des Krisenzyklus.[40] Wir unterschieden sechs Phasen: Der Krise in der Bauindustrie (erste Phase) folgte als zweite Phase eine Kreditkrise, die sich zur Bankenkrise fortentwickelte. In einer dritten Phase, die von Anfang 2008 bis August 2008 reichte, ging die Nachfrage immer stärker zurück, so dass sich in allen größeren Wirtschaftszweigen eine Überproduktionskrise herausbildete. Die Absatzstockungen in Industrie und Handel riefen eine allgemeine Krise hervor, die eine besondere Dramatik im Kredit- und Bankensektor annahm (Phase IV). Die Krise hatte nun all ihre Erscheinungsformen herausgebildet. Sie war zugleich Überproduktionskrise, Geld-, Kredit-, Börsen- und Bankenkrise. Hätte der Staat nicht mit seinem eigenen Kredit eingegriffen, wäre das Kreditsystem ungebremst und vollständig ins Monetarsystem umgeschlagen mit all den notwendig gewordenen Entwertungsprozessen des Kapitals, wodurch allerdings

---

40 Wenig differenziert und dazu einseitig auf die Finanzkrise ausgerichtet ist das Drei-Phasen-Schema der Deutschen Bundesbank. Zwischen der Krise auf dem US-Häusermarkt und der ersten Kredit- und Bankenkrise wird nicht unterschieden, so dass nicht klar wird, was Ursache und was Folge ist. Die zweite Phase wird als Zuspitzung der Finanzkrise (Lehman-Pleite) und als deren Überspringen auf die „realwirtschaftliche Entwicklung" interpretiert. Die Bundesbank ignoriert völlig die Widersprüche und Gegensätze der Warenproduktion selbst. In der dritten Phase steht wiederum die Kreditkrise im Vordergrund, diesmal als Finanzkrise der „Problemländer an der Peripherie des Euro-Raums." (Weber (2011), S. 3)

auch eine Grundlage geschaffen worden wäre für einen späteren selbsttragenden Wirtschaftsaufschwung.

Die Weltwirtschaftskrise von 1929 bis 1932 wäre möglicherweise für die große Krise ein Verlaufsmuster geworden. An der Stelle der V-förmigen Erholung hätte sich die Depression von 2008/2009 fortgesetzt.

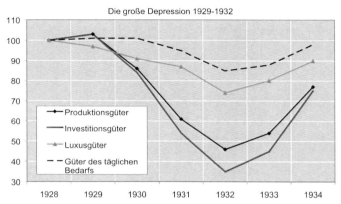

Grafik 6: Verlaufsmuster der Produktion in der Weltwirtschaftskrise 1929ff

Der Staat blockierte diesen Krisen-Mechanismus. Mit seinen Interventionen stoppte er die Entwertungsspirale. Er verwandelte die Entwertungsrisiken des Kapitals zu eigenen Risiken, die sich in einer ausufernden Notenbankbilanz und in einem sprunghaften Anstieg der Staatsschulden niederschlagen. Dadurch verhinderte er eine länger anhaltende wirtschaftliche Depression. Rettungsschirme, Konjunkturprogramme und Einzelhilfen bewirkten eine relative Stabilisierung (Phase V), gefolgt von einer beachtlichen Erholung der Wirtschaft (Phase VI).

Dies war die positive Seite für das Kapital. Die negative Seite der Staatsinterventionen zeigte sich in riskanten Manövern der Notenbanken und in einer Überschuldung der Staaten, die zu Staatspleiten geführt hätte, wären andere Staaten nicht zu Hilfe geeilt. In der Euro-Zone wurde die Rettung hauptsächlich im Rahmen des Krisenfonds EFSF (European Financial Stability

6) Anfang 2010 bis heute

Facility) organisiert, als dessen Nachfolger von 2013 an der Europäische Stabilitätsmechanismus (ESM) vorgesehen ist.

Insgesamt soll festgehalten werden, dass in Griechenland, Irland und Portugal, also in den Staaten, die unter den Euro-Rettungsschirm geschlüpft sind, bereits der nationale Kredit erschüttert ist. Der allgemeine Vertrauensverlust konnte nur dadurch verhindert werden, dass andere Staaten mit hoher Bonität wie Deutschland, Frankreich, die Niederlande und Österreich als Bürgen eintraten.

Kapitel II
Finanzmarktkrise oder
Krise des kapitalistischen Systems?

In der Wirtschaftsliteratur wird die große Krise von 2007/2010 hauptsächlich als eine Krise der Finanzmärkte gedeutet, die dann auf die Realwirtschaft übergesprungen sei. In unserer Analyse der verschiedenen Phasen der großen Krise haben wir die Oberflächlichkeit und Fehlerhaftigkeit dieser Interpretation bereits nachgewiesen. Als Ergänzung zu dieser Kritik wollen wir einige grundsätzliche Zusammenhänge klären, auf die sich jene Interpretation stützt. Ist es richtig, die Wirtschaft auf eine geldlose Realökonomie zu verkürzen, über der dann eigenständige Finanzmärkte thronen sollen, oder sind nicht stattdessen Geld und Kredit inhärente Bestandteile der Warenwelt, die selbst krisenanfällig ist. Wie kommt es zum Mythos der Finanzmärkte und welche Argumente werden vorgebracht.

1) Mythos Finanzmarktkrise

Lassen wir zunächst zwei Professoren zu Wort kommen, die die Deutschen Bundesbank repräsentieren, eine Institution, die uns in diesem Zusammenhang bereits wegen ihrer Doppelzüngigkeit aufgefallen war. Professor Dr. Hermann Remsperger, Mitglied des Vorstands der Deutschen Bundesbank, sagte in seinem Vortrag vom 10.12.2008: „Wir erleben die schwerste Finanzkrise seit Jahrzehnten. (…) Inzwischen zeigen sich die Auswirkungen der Finanzkrise immer deutlicher auch im realen Sektor." In einem Rückblick auf die Krise schrieb der Präsident der Deutschen Bundesbank Prof. Dr. Axel Weber, dass die Insolvenz der US-Investmentbank Lehman Brothers im September 2008 die bis dahin schwelende Finanzkrise zu einem globalen Flächenbrand entwickelt habe. „Sie breitete sich in dieser zweiten Phase nicht nur in Windeseile auf andere, bis dahin nicht betroffene Finanzmarktsegmente aus, sondern schlug auch rasch und massiv auf die realwirtschaftliche Entwicklung

1) Mythos Finanzmarktkrise

durch, so dass sich die Finanzkrise zur globalen Wirtschaftskrise auswuchs."[41]

Im Jahresgutachten der Fünf Weisen (veröffentlicht am 12.11.2008) heißt es: „Die von der Finanzkrise ausgehenden Schockwellen haben die deutsche Wirtschaft voll erfasst. (…) Bei so gravierenden Schocks im Finanzsystem ist es unvermeidlich, dass auch die Realwirtschaft in Mitleidenschaft gezogen wird." Die Erklärung des G-20-Treffens in Washington vom November 2008 lautete: „Politiker und Überwachungsinstanzen in einigen entwickelten Ländern haben die Risiken nicht richtig eingeschätzt, die in den Finanzmärkten entstanden sind". Gordon Brown, der als damaliger Premierminister die Krisenpolitik der britischen Regierung zu verantworten hatte, schildert in seinem Buch, wie die „Geschichte einer Bankenkrise" in eine „Industrie-, Handels- und Beschäftigungskrise überging."[42] Letztere Krise soll eine bloße Folge der Bankenkrise gewesen sein. Rückblickend vermerkte der damalige deutsche Finanzminister Peer Steinbrück: „Dass die Finanzkrise auf die Realökonomie überspringen würde, war zu erwarten. Der Welthandel und die Weltkonjunktur brachen ein. (…) Die ökonomischen Auswirkungen der Turbulenzen an den Finanzmärkten mit den Übersprungeffekten auf die Realwirtschaft und den Arbeitsmarkt sind offensichtlich."[43]

Journalisten, wie Ulrich Schäfer von der Süddeutschen Zeitung, übernahmen das offizielle Deutungsmuster: „Die größte Wirtschaftskrise seit den 30er Jahren des 20. Jahrhun-

---

41 Weber (2011), S. 3. Zwei Jahre zuvor lieferte Axel Weber folgende Einschätzung: „Unstrittig ist, dass sich mit der Insolvenz des US-Investmenthauses Lehman Brothers die Situation fundamental veränderte. So wurde im Herbst 2008 aus einer Finanzmarktkrise, die auf eine noch überschaubare Anzahl von Marktsegmenten beschränkt war, eine globale Finanzkrise, die sich zur weltweiten Wirtschaftskrise auswuchs." (Nach dem großen Beben – welche Lehren ziehen wir aus der Finanzkrise?, in: Auszüge aus Presseartikeln der Deutschen Bundesbank, Nr. 25 vom 17. Juni 2009)
42 Brown (2010), S. 19.
43 Steinbrück (2010), S. 180, 187.

derts hat ihren Ursprung im Herzen des Kapitalismus – an den Finanzmärkten."[44] In seinem letzten Essay bemerkte der Soziologe Ralf Dahrendorf zu den Ursachen der Krise: „Sie (die Krise) begann als Finanzkrise, strahlte dann aber auf nahezu alle Zweige der Wirtschaft aus. (…) Mir scheint ein wichtiges Glied in der Ursachenkette der Krise dies zu sein, dass nicht nur mit Geld Geld ‚verdient' wurde, sondern dass dies mit geborgtem Geld geschah. Allerorten trat an die Stelle des klassischen ‚Sparkapitalismus' ein ‚Pumpkapitalismus', der von nicht mehr ‚bedienbaren' privaten Hypotheken bis zum Handel mit so genannten strukturierten Finanzprodukten (‚Derivaten') reichte. Viele Sitten des ehrbaren Kaufmanns und des guten Haushaltens gingen dabei über Bord."[45]

Joseph E. Stiglitz, Professor an der Columbia University und seit 2001 Nobelpreisträger für Wirtschaft schrieb rückblickend: „In den USA hat die Krise im Finanzsektor eine Krise der Realwirtschaft ausgelöst. (…) Auslöser der Krise waren exzessive Deregulierungsmaßnahmen und die unvollständige Anwendung der bestehenden Regelungen."[46]

Oder nehmen wir die Attac-Erklärung, „Das Casino schließen", vom September 2008: „Die Schockwellen der Finanzkrise haben jetzt die Realwirtschaft erreicht. … Finanzmärkte bilden das Zentrum und die treibende Kraft der neoliberalen Globalisierung. … Die Grundorientierung für substanzielle Veränderungen muss darauf orientieren, die Dominanz der Finanzmärkte über die Realwirtschaft zu brechen."

Selbst Autoren, die dem Mythos Finanzmarktkrise kritisch gegenüberstehen, wie Rainer Roth, stellen die „abenteuerlichen Methoden" der Banken nicht in einen Zusammenhang mit den Bedürfnissen des kapitalistischen Akkumulationsprozesses, sondern sehen darin nur eine Konsequenz sinkender Margen im gewöhnlichen Bankgeschäft. „Hier liegt die bedeutendste Quelle

---

44 „Der Crash des Kapitalismus. Warum die entfesselte Marktwirtschaft scheiterte", (Schäfer (2008), S. 13)
45 „Die verlorene Ehre des Kaufmanns" in: Tagesspiegel vom 12.7.09
46 Stiglitz (2009)

für die waghalsigen Geschäfte, mit denen sowohl die US-Banken als auch Banken in Deutschland, Europa und dem Rest der Welt die Misere ihrer Kapitalverwertung beheben wollten".[47]

2) Abtrennung der Finanzmärkte von der sogenannten „Realökonomie"?

Die Vorstellung: Hier Realökonomie, dort Finanzökonomie, hier die produzierten Güter, dort das Geld samt den Finanzmärkten, ist eine gedankenlose Absurdität. Es werden Waren produziert. Die Ware hat nicht nur Gebrauchswert, sie hat auch einen Tauschwert, einen Preis nämlich. Der Zusammenhang zum Geld ist von vornherein da.

---

47 Rainer Roth (2009): Finanz- und Wirtschaftskrise: SIE kriegen den Karren nicht flott …, Frankfurt. (S. 10). Ähnlich S. 47: „Das Bedürfnis nach einer enormen Ausdehnung der Kreditvergabe im Immobiliensektor entsprang nämlich nicht in erster Linie einer falschen Geldpolitik, sondern der Notwendigkeit, durch Kredithebel die Eigenkapitalrenditen zu steigern, die gerade wegen des sinkenden Zinsniveaus bedrohlich gefallen war." Roth übersieht das starke Bedürfnis des Immobiliensektors nach Krediten. Vor dem Hintergrund des Bevölkerungswachstums in den USA (vgl. oben Seite 11, Fn. 2) löste eine beschleunigte Akkumulation einen Boom am Häusermarkt aus und eine entsprechende Nachfrage nach Hypotheken-Krediten. Der Kreditbedarf ging über den Rahmen hinaus, den lokale Banken zur Verfügung stellen konnten. Dieser Rahmen musste gesprengt werden. Und er wurde gesprengt durch Verbriefung von Krediten und den Verkauf der verbrieften Kredite bzw. der Kreditrisiken. Ähnlich S. 68: „Die Methoden der Finanzkonzerne, dem Fall ihrer Profitraten entgegenzuwirken, haben die Kreditsysteme vieler Länder an den Rand des Zusammenbruchs getrieben." Aber folgten die starke Ausweitung des Kreditsystems und der Einsatz neuer Kreditinstrumente nicht vielmehr dem Bedürfnis der wirklichen Akkumulation nach wachsendem Kredit? Wir werden noch näher ausführen, wie sehr die Kreditexpansion eine Folgeerscheinung der wirklichen Akkumulation war. Roths These, wonach die Verwertungsschwierigkeiten der Banken zur Krise des Finanzsektors geführt haben, durchzieht sein Buch und erklärt, weshalb die Abläufe im Finanzsektor bei ihm einen derart großen Raum einnehmen.

Marx hat diesen Zusammenhang gleich im ersten Kapitel des Kapitals nachgewiesen. Marx sagt: Hinter dem Tauschwert steht der Wert, hinter dem Wert steht ein historisch spezifischer gesellschaftlicher Charakter der Arbeit. Wäre die Arbeit unmittelbar gesellschaftlich, dann gäbe es keinen Wert. Es gäbe auch kein Geld. Eine Gesellschaft assoziierter Produzenten kennt daher weder Ware noch Geld. Im Kommunismus werden Produkte, keine Waren produziert.

Der in der Ware eingeschlossene innere Widerspruch von Gebrauchswert und Tauschwert stellt sich dar als äußerer Widerspruch von Ware und Geld. Es gibt also keine getrennten Welten: Hier die Gebrauchswerte, dort das Geld. Das Geld ist der sogenannten Realökonomie inhärent.

Der Mythos von den zwei Welten[48] wird genährt durch den Zins. Der Zins ist der Preis für den auf Zeit fortgegebenen Kredit. Der Zins scheint eine Eigenschaft des verliehenen Kapitals selbst zu sein. Das Zeugen von Zins scheint dem zinstragenden Kapital ebenso eigentümlich zu sein, wie das Wachsen den Bäumen. Jeglicher Bezug zum gesellschaftlichen Reproduktionsprozess, zur Wertschöpfung, die in der Produktion stattfindet, ist in der Form des Zinses ausgelöscht. Diese Form trägt, wie Marx herausarbeitet, „keine Narben seiner Entstehung mehr. Das gesellschaftliche Verhältnis ist vollendet als Verhältnis eines Dings, des Geldes, zu sich selbst."[49] Marx nennt das zinstragende Kapital wegen des Fetischs, den es produziert, „die Mutter aller verrückten Formen".[50]

Das Mysterium des Zinseszinses verleitet zu manch fabelhaften Einfällen. Marx zitiert einen Engländer namens Richard Price, der fasziniert vom Zinseszins die Gemüter im ausgehenden 18. Jahrhundert damit beruhigte, der Staat könne gelassen gigantische Schuldentürme aufbauen, denn selbst kleinste Vermögen würden auf längere Sicht kosmische Größenordnungen erreichen.

---

48   Eine Zwei-Welten-Theorie vertrat bereits die Klassik, als sie das Gesetz der Absatzwege (Saysches Theorem) und die Quantitätstheorie des Geldes formulierte.
49   Marx, MEW 25, S. 405.
50   Marx, MEW 25, S. 483.

2) Abtrennung der Finanzmärkte

„1 sh., ausgelegt bei der Geburt unsers Erlösers zu sechs Prozent Zinseszinsen, würde angewachsen sein zu einer größern Summe als das ganze Sonnensystem einbegreifen könnte, wenn in eine Kugel verwandelt von einem Durchmesser gleich dem der Bahn des Saturn."[51]

Wir müssen keinesfalls in das 19. Jahrhundert zurückgehen. Die Vorstellung von der Verselbständigung des Zinseszins-Prozesses begegnet uns auch in der Gegenwart. Nehmen wir die These von der „stagnationsgetriebenen Finanzakkumulation", vertreten durch Huffschmid. Das Kapital würde wegen fehlender Rendite die Produktionssphäre verlassen, um sich zu höherer Rendite auf den Finanzmärkten zu verwerten.[52] Dahinter steht die Vorstellung, dass die Kapitalverwertung an den Finanzmärkten ein Eigenleben führt, das nicht positiv an die Verwertung des fungierenden Kapitals gebunden ist.

Oder nehmen wir Margrit Kennedy, die den von Marx zitierten Engländer Richard Price wie folgt paraphrasiert:

„Hätte Joseph zur Zeit von Christi Geburt einen Pfennig investiert und wäre dieser von einer Bank mit durchschnittlich 5 Prozent pro Jahr verzinst worden, wäre dieser Pfennig im Jahr 2000 zum damals gültigen Goldpreis etwa 500 Milliarden Kugeln aus Gold vom Gewicht dieser Erde wert gewesen – zum Goldpreis in diesem Jahr. Das zeigt, in Form eines realistischen Symbols: ‚Geld frisst Welt'."[53] Geblendet vom Zinseszins schreibt sie: „Tatsächlich verhält sich der Zins wie ein Krebs in unserer sozialen Struktur". Sie sieht im „Zinsmechanismus

---

51 Zitiert nach Marx, MEW 25, S. 408

52 „Die Hauptthese dieses Kapitels ist, dass die treibende Kraft der Finanzmärkte der Übergang von der Investitionsfinanzierung zum Finanzinvestment ist". (Huffschmid (2002), S. 38) „Die Ablösung der Investitionsfinanzierung durch das Finanzinvestment als treibende Kraft bei der Entwicklung der Finanzmärkte führt zu einer Entkoppelung der Zeithorizonte zwischen stofflichen Akkumulations- und Produktionsprozessen auf der einen und Kapitalverwertung auf der anderen Seite." (Huffschmid (2002), S. 22f)

53 Margrit Kennedy, Geld regiert die Welt. Doch wer regiert das Geld? http://www.margritkennedy.de/pdf/ART_FNW_01_2008_Geld-RegiertDieWelt.pdf.

eine Hauptursache für den pathologischen Wachstumszwang der Wirtschaft mit allen bekannten Folgen der Umweltzerstörung."[54] Der Zins beherrscht die Wirtschaft!

3) Kritik der Hegemonie-These

Was ist aber der Zins, was ist die Quelle seines Werts. Solche Fragen werden gar nicht aufgeworfen. Der innere Zusammenhang von Zins und Wertschöpfung bleibt ausgeblendet. Selbst in den mehr theoretischen Schriften wird die Werttheorie ignoriert, die eine Erklärung darüber liefert, woher der Zins stammt und ob dieser den tatsächlichen Akkumulationsprozess des Kapitals überhaupt beeinflussen kann.

Im Gegensatz dazu analysierte Marx den Zins und dessen Voraussetzungen. Der Zins ist, wie Marx offen gelegt hat, lediglich ein Teil des produzierten Profits. Und der Profit ist Resultat der Ausbeutung der Lohnarbeiter im Produktionsprozess. Die Ausbeutung, also die Mehrwertproduktion, geschieht ganz unabhängig davon, ob eigenes oder geliehenes Kapital verwendet wird. Das Kreditverhältnis selbst, also das Verhältnis von Leihkapitalisten (z. B. Bank) und fungierender Unternehmung, spielt dort gar keine Rolle. Nicht der Zins knechtet die Wirtschaft; weil die Wirtschaft eine kapitalistische ist, existiert der Verwertungszwang, der sich auch im Zins zeigt. Das zinstragende Kapital ist unter die kapitalistische Produktionsweise subsumiert. Es ist die wirkliche Akkumulation, die den Zinseszins möglich macht, und es ist keineswegs umgekehrt, dass die Zinsen einen kapitalistischen Akkumulationsprozess erzwingen würden.

Die Hegemonie-These speist sich noch aus einer weiteren Vorstellung. Marx sagte ja, dass das zinstragende Kapital die Mutter aller verrückten Formen sei. Zu diesen Formen gehören die Wertpapiere. Dazu zählen Aktien und Anleihen. In der Aktie findet das Kapital eine zweite Gestalt, die neben dem wirklichen Kapital existiert. Gleiches gilt für die Unternehmensanleihe.

---

54 Margrit Kennedy, Geld ohne Zinsen und Inflation. Ein Tauschmittel, das jedem dient, 2006, S. 22 u. 27.

3) Kritik der Hegemonie-These

Demgegenüber liegt den Staatsanleihen kein Kapital zugrunde. Hier erscheint eine Staatsschuld positiv als Kapital. Gleiches gilt für verbriefte Konsumentenkredite. Die zirkulierenden Schuldtitel scheinen Kapital zu sein, obgleich der verliehene Wert durch Verbrauch der dafür gekauften Konsumgüter bereits untergegangen sein mag.

Solche Wertpapiere gehören nach Marx zum „fiktiven Kapital". Sie entstehen durch die Bedürfnisse des Reproduktionsprozesses bzw. durch das Bedürfnis des Staates. Sie werden an den Finanzmärkten gehandelt. Sie bilden den Kern der Finanzmärkte und die Grundlage für weitere Formen (u. a. Derivate), auf die hier nicht eingegangen werden kann.

Die These vom „finanzmarktgetriebenen Kapitalismus" oder von der „Dominanz der Finanzmärkte" hat genau diese Finanzmärkte im Blick. Sie besagt, dass die Finanzmärkte einen „disziplinierenden Druck" auf die Wirtschaft ausübten. Oder wenn es nicht die Finanzmärkte selbst sind, dann sind es die Eigentümer des fiktiven Kapitals, die angeblich die Unternehmen zu etwas zwingen, was sie gar nicht wollen. „Viele führende Unternehmen", schreibt z. B. Huffschmid, „sind den Ansprüchen ihrer Aktionäre, der Investment- und Pensionsfonds ausgesetzt, die verlangen, dass ‚ihre' Unternehmen Quartal für Quartal steigende Gewinne ausweisen".[55] An anderer Stelle spricht er von der „Unterwerfung der Gesellschaft unter die ‚Herrschaft der Finanzmärkte'".[56] Aber welcher Druck, welche Art Herrschaft kann durch den Besitz der Wertpapiere überhaupt ausgeübt werden?

Betrachten wir im Schnellverfahren den Charakter der Wertpapiere, um die These von der „Herrschaft der Finanzmärkte" zu hinterfragen.

Der Besitzer einer Industrie-Anleihe steht jenseits des fungierenden Industrie-Kapitals. Er hat sein Geld gegen Zins und Rückzahlungsversprechen als Kapital fortgegeben und verfügt lediglich über ein Wertpapier, das seine Ansprüche dokumentiert. Als Eigentümer des Wertpapiers steht er jenseits des wirklichen Produktionsprozesses; er verhält sich passiv dazu. Es ist

---

55 Huffschmid, a. a. O., S. 13.
56 Huffschmid, a. a. O., S. 201f.

unmöglich, dass er mittels seiner Industrie-Anleihe irgendeine Herrschaft über die wirkliche Produktion ausübt.

Besitzt er eine Aktie, dann verhält es sich im Großen und Ganzen ähnlich. Lediglich als Hauptaktionär hat er Einfluss auf die Geschäftsführung. Aber auch dann steht er außerhalb des operativen Geschäfts. Wie auch immer die Geschäftsführung formal durch die Gremien der Aktiengesellschaft bestellt wird, sie ist in jedem Fall bloßer Funktionär des Kapitals, das sie verwaltet. Würde sie ihre Funktion vernachlässigen, dann würde sie schon durch die Konkurrenz abgestraft, ohne dass es eines Mehrheitsaktionärs bedarf.

Marx hat diesen Zwang der Konkurrenz folgendermaßen formuliert: „Die freie Konkurrenz macht die immanenten Gesetze der kapitalistischen Produktion dem einzelnen Kapitalisten gegenüber als äußerliches Zwangsgesetz geltend."[57] Und diese Zwangsgesetze der Konkurrenz kommen „als treibende Motive dem individuellen Kapitalisten zum Bewusstsein".[58]

Als kapitalistischer Funktionär ist die Geschäftsführung nur subjektiver Träger der Kapitalbewegung. Was der Mehrheitsaktionär lediglich kann, ist darauf zu achten, dass die Geschäftsführung diesen Job gut macht, das heißt den Erfordernissen der Konkurrenz gerecht wird. Und es ist diese Konkurrenz, welche die immanenten Gesetze des Kapitals vollzieht. Der Mehrheitsaktionär kann also nicht mehr sein als ein Wächter, der über eine Sache wacht, ohne sie selbst in die Welt gesetzt zu haben. Er trägt also nicht den Verwertungszwang in die Ökonomie, selbst wenn er davon profitiert.

Der Eigentümer von Staatsanleihen verhält sich in dieser Eigenschaft nicht nur passiv gegenüber dem wirklichen Produktionsprozess, er besitzt einen Schuldtitel, der in keinem direkten Zusammenhang zum Reproduktionsprozess steht. Ähnliches gilt für Titel, die auf Konsumentenkredite bezogen sind (verbriefte Kreditkarten-Schulden, Autokredite, Haus-Immobilien-Kredite).

---

57 Marx, MEW 23, S. 286.
58 Marx, MEW 23, S. 335.

Man sieht also, dass die Eigentümer der Wertpapiere keine Macht über den Reproduktionsprozess ausüben. Sie sind nicht die Beherrscher der Welt. Auch die Finanzmärkte sind es nicht. Steigen oder fallen die Wertpapierkurse, dann ändert sich nichts an dem Schuldverhältnis, das im Wertpapier ausgedrückt wird. Steigen die Aktienkurse, dann gewinnen die Eigentümer von Aktien, aber sie üben dadurch keine größere Macht über die Aktiengesellschaft aus. Das Steigen der Aktienkurse hat wiederum Voraussetzungen, die letztendlich durch den wirklichen Reproduktionsprozess gesetzt werden.

4) Verhältnis von Finanzmarktkrise und Krise der Warenproduktion

Die Interpretation der Krise als Finanzmarktkrise macht nur eine auffällige Erscheinungsweise der Krise zu ihrer Ursache. Sie verkürzt die Analyse, indem sie den inneren Zusammenhang unberücksichtigt lässt, der zwischen der Expansion des Kreditsystems, der Geschäftspolitik der Banken sowie der Entwicklung neuer Finanzprodukte einerseits und der wirklichen Kapitalakkumulation andererseits besteht. Sie verfälscht die kapitalistische Warenproduktion in eine güterwirtschaftlich geprägte „Realwirtschaft", die in einer solchen wirklichkeitsfernen Form frei von Widersprüchen sein muss, weil in ihr das Geld als bloßer Vermittler eines Produktenaustauschs, nicht aber als eine notwendige Existenzform der Ware selbst existiert,[59] und

---

59 Über eine solche Auffassung hat sich bereits Marx lustig gemacht im Zusammenhang mit seiner Kritik des Sayschen Theorems: „Hier wird also erstens Ware, in der der Gegensatz von Tauschwert und Gebrauchswert existiert, in bloßes Produkt (Gebrauchswert) und daher der Austausch von Waren in bloßen Tauschhandel von Produkten, bloßen Gebrauchswerten, verwandelt. Es wird nicht nur hinter die kapitalistische Produktion, sondern sogar hinter die bloße Warenproduktion zurückgegangen, und das verwickeltste Phänomen der kapitalistischen Produktion – die Weltmarktkrise – dadurch weggeleugnet, dass die erste Bedingung der kapitalistischen Produktion, nämlich dass das Pro-

ihr dann instabile Finanzmärkte äußerlich gegenübergestellt werden. Eine solche Kriseninterpretation muss deshalb auch das Bedürfnis nach neuen Kreditmöglichkeiten übersehen, soweit es aus der „Realwirtschaft", d. h. aus der Geschäftsentwicklung von Industrie und Handel hervortritt. Sie produziert den Schein, als hätten geschäftstüchtige Bankmanager und raffgierige Investmentbanker die Kreditblasen samt all der raffinierten Finanzinstrumente nur hervorgebracht, um sich selbst auf Kosten der sich ehrlich abmühenden Industrie- und Handelsunternehmen zu bereichern. Eine solche Position läuft darauf hinaus, die Interessen des Industrie- und Handelskapitals gegenüber einem raubtierhaften, raffenden Finanzkapital zu vertreten. Ihr geht es nur darum, um mit dem bürgerlichen Soziologen Lord Ralf Dahrendorf zu sprechen, die „verlorene Ehre des Kaufmanns" wieder herzustellen.

Demgegenüber hatte unsere Analyse des bisherigen Verlaufs der Krise ergeben, dass sowohl die vorangegangene Expansion des Kredits samt der neuartigen Instrumente, die er schuf, als auch die Kredit- und Bankenkrise durch den wirklichen Prozess der Warenproduktion verursacht waren. Diese Abhängigkeit der Finanzmärkte von der Warenproduktion wurde bereits in früheren Krisenanalysen aufgedeckt, etwa in der Weise, dass man im Kreditzyklus nur so etwas wie eine „sekundäre Parallelerscheinung" des Akkumulationszyklus sah.[60]

---

dukt Ware sein, sich daher als Geld darstellen und den Prozeß der Metamorphose durchmachen muß, weggeleugnet wird." (Marx, Theorien über den Mehrwert, MEW 26.2., S. 501f)

60   Dieser einfache Zusammenhang, der in der heutigen Krisendiskussion durch allerlei Mythen über die angebliche Macht von Banken und Finanzmärkten zugedeckt wird, gehörte einst zu den selbstverständlichen Erkenntnissen. „Die Kreditkrise", schrieb der Franzose Mentor Bouniatian nach einer gründlichen Analyse der Krisengeschichte des 19. Jahrhunderts, „bildet mit der Geldkrise den Höhepunkt einer Wirtschaftskrise. Unter den Erscheinungen einer allgemeinen Wirtschaftskrise sind die Kredit- und Geldkrisen diejenigen, welche am meisten auffallen und den Schein erwecken, als bildeten sie schon den ganzen Krisenvorgang. Sie sind aber auf dem Gebiete des Weltverkehrs äußere Parallelerscheinungen zu den tieferen Störungen im Reproduk-

Eine Bankenkrise ist nur eine besondere Art einer Kreditkrise, die ab einer bestimmten Größenordnung solche Banken, die notleidende Kredite vergeben hatten, in die Krise treibt. Die Kreditkrise ist ihre notwendige Voraussetzung.

5) Politische Konsequenzen der Krisenanalyse

Wenn unsere These richtig ist, dass nicht die Finanzmarktkrise die Wirtschaftskrise, sondern umgekehrt die Wirtschaftskrise die Finanzmarktkrise hervorbrachte, dass also die Finanzmarktkrise hauptsächlich die Folge einer Störung des wirklichen Reproduktionsprozesses war, dann ergibt sich daraus insbesondere für die Gewerkschaften eine weit reichende politische Konsequenz.

Die Gewerkschaften, namentlich die IG Metall, verstärken zurzeit das Bündnis des noch beschäftigten Teils der lohnabhängigen Klasse mit den für diese Beschäftigung jeweils zuständigen Teilen des einheimischen Kapitals. Ausbau von Mitbestimmung und Co-Management heißt dort die Parole. Man muss zugeben, dass bei der gängigen Deutung der Krise diese Ausrichtung eine gewisse Logik hat. Wenn in letzter Instanz externe Faktoren die massenhafte Vernichtung bzw. Gefährdung von Arbeitsplätzen bewirken, dann muss die Gegenwehr versuchen, die deutschen Unternehmen, also diejenigen, die diese Arbeitsplätze bereitgehalten haben und weiterhin bereithalten, gegen die externen Störfaktoren stark zu machen. Da machen dann Lohnverzicht und Verlängerung der Arbeitszeit verbunden mit maßvoller Reduktion der Beschäftigtenzahl – möglichst „sozialverträglich" abgefedert, versteht sich – durchaus Sinn. Einhergehend natürlich mit Appellen an die Regierung, jene die Prosperität des

---

tions- und Verteilungsprozeß. Die Kreditkrise selbst ist eine Folgeerscheinung der Störung im Reproduktionsprozeß." (Bouniatian (1908), S. 28) „Die Oberflächlichkeit der politischen Ökonomie zeigt sich u. a. darin, dass sie die Expansion und Kontraktion des Kredits, das bloße Symptom der Wechselperioden des industriellen Zyklus, zu deren Ursache macht." (Marx, Kapital I, MEW 23, S. 662)

deutschen Kapitalismus störenden Faktoren durch geeignete politische Initiativen in die Schranken zu weisen.

Anders jedoch, wenn sich erweist, dass Gefährdung und Vernichtung von Arbeitsplätzen bloß die Kehrseite desselben „realwirtschaftlichen" Mechanismus darstellen, dem wir zuvor ihre Entstehung und Vermehrung zu verdanken hatten; dass die Abschaffung von Arbeitsplätzen in der Krise zu ihrer Schaffung im ökonomischen Aufschwung genauso unvermeidlich dazu gehört wie das Amen zum Gottesdienst. Der Pakt von sogenannten „Belegschaften" mit „ihren" jeweiligen Geschäftsführungen zur Stärkung der Wettbewerbsfähigkeit des sie beschäftigenden Unternehmens macht unter diesen Umständen wenig Sinn, wenn man einmal absieht von jener handvoll Leuten, die das Geschäft der Repräsentation solcher „Belegschaften" betreiben und davon leben. Für die Mehrzahl der Individuen, aus denen die „Belegschaften" bestehen, erweist sich dagegen deren Zugehörigkeit zu den Beschäftigten dieses oder jenes Unternehmens als eine mehr oder weniger zufällige und notwendigerweise prekär bleibende Angelegenheit. Die Konstante ihrer Daseinsweise ist dann vielmehr der Wechsel einesteils ihrer Beschäftigung hier oder da, andernteils zwischen Zeiten der Beschäftigung und Arbeitslosigkeit. Als Wesentlich enthüllt sich ihre Zugehörigkeit nicht zu irgendeiner „Belegschaft", sondern zu jenem Reservoir an menschlichem Rohstoff, „Arbeitsmarkt" geheißen, aus dem je nach Geschäftslage die Unternehmen sich einmal zum Aufbau ihrer Belegschaften bedienen und in das sie das andere Mal zu deren Abbau die Überflüssiggewordenen wieder abgeben.

Gewerkschaften, in denen solche Einsichten sich breit machten, wären natürlich zuallererst darauf bedacht, die Konkurrenz zwischen den Lohn-, d.h. vom Verkauf ihrer Arbeitskraft Abhängigen zu minimieren. Sie würden deren gemeinsames Interesse zur Geltung bringen, das Angebot an verfügbarer Arbeitskraft möglichst knapp und in jeder Hinsicht teuer zu machen. Sie würden sich also einerseits energisch wenden gegen den Unterbietungswettbewerb von „Belegschaften" untereinander sowie andererseits „eine planmäßige Zusammenwirkung ... zu organi-

5) Politische Konsequenzen der Krisenanalyse

sieren suchen"[61] insbesondere zwischen dem beschäftigten und dem unbeschäftigten Teil der lohnabhängigen Klasse. Die Sorge aber, wie der armen „Realwirtschaft" durch Regulierung der Finanzmärkte beizuspringen ist, hätten sie ganz gewiss nicht.

Ein finanzmarktpolitisch gezähmter Kapitalismus bleibt immer noch derselbe Kapitalismus, in dem die besitzlose, lohnabhängige Bevölkerung immer bloß die Manövriermasse für die Konkurrenzschlachten der kapitalistischen Unternehmen bildet. Auch der gezähmte Kapitalismus ist instabil. Er selbst ist es, der das Bedürfnis nach zeitweiser Zähmung durch entsprechende gesetzliche Regulierungen der Finanzmärkte ebenso erzeugt wie zu anderen Zeiten das einer Deregulierung. Die Art der Regulierungspolitik selbst ist eine Folgewirkung kapitalistischer Akkumulationsdynamik.

Die nächste Krise kann keineswegs durch eine finanzmarktpolitische Zähmung, sondern nur durch die Beseitigung des Kapitalismus verhindert werden, der nämlich aus seinem Innersten mit Notwendigkeit Krisen hervorbringt. Sozialismus heißt die Alternative.

---

61 So Marx im „Kapital". Die Stelle lautet im Zusammenhang: „Das Kapital agiert auf beiden Seiten zugleich. Wenn seine Akkumulation einerseits die Nachfrage nach Arbeit vermehrt, vermehrt sie andrerseits die Zufuhr von Arbeitern durch deren ‚Freisetzung', während zugleich der Druck der Unbeschäftigten die Beschäftigten zur Flüssigmachung von mehr Arbeit zwingt, also in gewissem Grad die Arbeitszufuhr von der Zufuhr von Arbeitern unabhängig macht. Die Bewegung des Gesetzes der Nachfrage und Zufuhr von Arbeit auf dieser Basis vollendet die Despotie des Kapitals. Sobald daher die Arbeiter hinter das Geheimnis kommen, wie es angeht, daß im selben Maß, wie sie mehr arbeiten, mehr fremden Reichtum produzieren und die Produktivkraft ihrer Arbeit wächst, sogar ihre Funktion als Verwertungsmittel des Kapitals immer prekärer für sie wird; sobald sie entdecken, daß der Intensitätsgrad der Konkurrenz unter ihnen selbst ganz und gar von dem Druck der relativen Übervölkerung abhängt; sobald sie daher durch Trade's Unions usw. eine planmäßige Zusammenwirkung zwischen den Beschäftigten und Unbeschäftigten zu organisieren suchen, um die ruinierenden Folgen jenes Naturgesetzes der kapitalistischen Produktion auf ihre Klasse zu brechen oder zu schwächen, zetert das Kapital und sein Sykophant, der politische Ökonom, über Verletzung des ‚ewigen' und sozusagen ‚heiligen' Gesetzes der Nachfrage und Zufuhr." (MEW 23, S. 669f)

Kapitel III
Das von Marx entdeckte allgemeine Gesetz der periodischen Krisen

Unsere Kritik der gängigen Interpretation der großen Krise als bloße Finanzmarktkrise rückte bereits den realen Reproduktionsprozess des Kapitals in den Vordergrund. Wir wollen jetzt das allgemeine Gesetz der Krise herausfinden, das dazu führt, dass ökonomische Krisen keineswegs historisch singuläre Ereignisse sind, sondern dass sie regelmäßig auftreten, also die Periodizität als wichtiges Merkmal besitzen. Die Erörterung des allgemeinen Grundmechanismus der Krise ist zugleich die allgemeine Erklärung auch der heutigen Krise.

Jede Krise weist natürlich auch historische Besonderheiten auf. Sie unterscheidet sich nach Dauer und Intensität, sie trifft mal stärker dann wieder weniger stark den Kredit- und Bankensektor, sie treibt mit unterschiedlicher Macht eine große Masse Lohnabhängiger in die Arbeitslosigkeit, sie lässt sie mal mehr, mal weniger stark verelenden, je nachdem, wie tief die Krise ist und wie stark der Widerstand gegen die Folgen der Krise ausfällt. Die Krise tobt sich auf unterschiedlichen Feldern aus, sie ist eingebunden in längerfristige Akkumulationstendenzen mit unterschiedlicher Ausprägung[62].

Aber die Krise besitzt auch eine allgemeine Bewegungsform und wird durch ökonomische Gesetze gesteuert, die Gültigkeit besitzen für die gesamte Epoche des entwickelten Kapitalismus. Nur so lässt sich erklären, warum die Krise seit dem ersten Viertel des 19. Jahrhunderts bis hin zur großen Krise 2007ff mit einer gewissen Regelmäßigkeit aufgetreten ist.

---

62 Das Marxsche Gesetz vom tendenziellen Fall der Profitrate spielt dabei eine bedeutende Rolle. Wir können an dieser Stelle nicht näher darauf eingehen, weil es uns hier um das allgemeine Gesetz zyklischer Krisen geht und nicht darum, ob die Krise durch einen Trend allgemein sinkender Profitraten intensiviert bzw. zeitlich verlängert wird. In welcher Weise ein längerfristiger Akkumulationstrend auf den Krisenzyklus einwirkt, wird die Leserin im nächsten Kapitel erfahren.

Die aktuelle, fast nur auf die Finanzmärkte ausgerichtete Literatur ist für die Analyse der allgemeinen Natur der Krise nicht nur deshalb ungeeignet, weil sie die wirkliche kapitalistische Akkumulation als mögliche Krisenursache unberücksichtigt lässt, sondern auch, weil sie die gegenwärtige große Krise als historisch einmaliges Ereignis, gewissermaßen als eine Art Verkehrsunfall beschönigt.

Die bürgerliche Konjunkturforschung ist entweder theorielos ausschließlich auf die Registrierung und Bewertung aktueller Konjunkturindikatoren ausgerichtet, ohne die verschiedenen Phänomene der Krise in einen inneren Zusammenhang zu bringen, oder sie interpretiert die Krise in ein exogenes Ereignis um, wobei sie unterstellt, dass die Märkte stets zum Gleichgewicht drängen, also prinzipiell stabil sein würden.

Sowohl ihr Empirismus als auch ihr Dogma von der prinzipiellen Stabilität der Märkte verhindern, das Phänomen der Krise in seiner Tiefe und Regelmäßigkeit zu begreifen. Die Mischung aus Oberflächlichkeit und Schönfärberei führte dazu, dass sich die Ökonomen bei der Beurteilung der wirtschaftlichen Lage regelmäßig blamierten. Zu unserem eigenen Entsetzen konnten wir solchen Beiträgen keine tiefer liegenden Erkenntnisse entlocken.

Völlig anders verhält es sich mit der Marxschen Kritik der politischen Ökonomie. Wie kein anderer hat Marx die Widersprüche und Gegensätze der kapitalistischen Ökonomie rücksichtslos aufgedeckt, so dass er die Krise in ihrer ganzen Tiefe als eine Zusammenfassung und Zuspitzung aller Widersprüche der kapitalistischen Warenproduktion analysieren konnte.

Wenn aber die Krise eine Zusammenfassung all der Widersprüche ist, dann kann es keine separate Krisentheorie geben. Vielmehr geht die Krise aus der Warenproduktion selbst hervor, ist somit nur die besonders kritische Verlaufsform der kapitalistischen Produktion.

Indem Marx den Kapitalismus in seiner Kernstruktur analysierte, sein allgemeines Bewegungsgesetz und die Gesetze seiner Akkumulation aufdeckte, fand er den Schlüssel, um das allgemeine Gesetz der kapitalistischen Krisen zu enthüllen. Zudem

Kapitel III. Gesetz der periodischen Krisen

Fehlprognosen und Konjunktursteuerung

Die Fehlprognosen von 2008 dürften noch in Erinnerung sein, als sämtliche Forschungsinstitute, der Sachverständigenrat zur Begutachtung der gesamtwirtschaftlichen Entwicklung („Fünf Weise"), das Wirtschaftsministerium und namhafte Politiker bis in den Herbst hinein eine ernsthafte Rezession ausschlossen. Eine solche Fehlprognose hat System. Sie ist nicht nur ein Zeichen für die Oberflächlichkeit der Konjunkturtheorien, die allesamt darauf hinauslaufen, die Widersprüche der Warenproduktion zu ignorieren, sondern zugleich ein Symptom für den anarchischen Charakter der kapitalistischen Wirtschaft. Die „unsichtbare Hand der Märkte" wirkt wie ein Naturgesetz, das sich hinter dem Rücken der Menschen vollzieht, obwohl es ein gesellschaftlicher, von Menschen gemachter Prozess ist. Der Fetischcharakter der Ware trübt die Transparenz. „Ihre eigene gesellschaftliche Bewegung", interpretiert Marx das Tun der Austauschenden, „besitzt für sie die Form einer Bewegung von Sachen, unter deren Kontrolle sie stehen, statt sie zu kontrollieren." (Marx, Kapital I, MEW 23, S. 89). Exakte Wirtschaftsprognosen sind unter den Bedingungen kapitalistischer Warenproduktion unmöglich.

Vor 15 Jahren versprachen uns die Ökonomen eine ewige Prosperität, verursacht durch die New Economy. Kurze Zeit später setzte eine Rezession ein, verbunden mit einem Kurskollaps an den Aktienmärkten. Davor, Ende der 60er / Anfang der 70er Jahre blamierte sich Westdeutschlands Wirtschaftsminister Karl Schiller, als er nach der Wirtschaftskrise 1966/67 versprach, es werde wegen der keynesianisch inspirierten Makrosteuerung nun keine Konjunktureinbrüche mehr geben. Kaum prognostiziert, erlebten die kapitalistischen Länder Mitte der 70er Jahre ihre schwersten Rezessionen nach dem Zweiten Weltkrieg.

1929, kurz vor der großen Welt-Wirtschaftskrise, hielt der weltbekannte Ökonom, der Neoklassiker Irving Fisher die Wirtschaft für gesund. Die Aktienkurse, schrieb er, hätten „ein dauerhaft hohes Niveau erreicht." Als sich die Märkte nach dem Oktoberschock von 1929 etwas erholten, fasste der damalige US-amerikanische Präsident Herbert Hoover am 1. Mai 1930 die Meinung seiner Konjunkturexperten, darunter die von Irving Fis-

> her, wie folgt zusammen: „Ich bin überzeugt, dass wir nunmehr das Schlimmste überstanden haben und uns mit vereinten Bemühungen bald erholen werden ..." – doch das Schlimmste kam erst noch. „Wir wissen mehr über die Bewegungsgeschwindigkeit eines Elektrons als über die Bewegungsgeschwindigkeit des Geldes", spottete auf dem Höhepunkt der Weltwirtschaftskrise der „Manchester Guardian", eine führende englische Wirtschaftszeitung.
>
> Auf das Desaster der bürgerlichen Konjunkturforschung wies Marx bereits Mitte des 19. Jahrhunderts hin. Marx zitierte beispielsweise im dritten Band des Kapitals den bekannten Vertreter der Currency-Schule, den Bankier und Ökonomen Lord Overstone. „Er behauptete", vermerkte Marx, „nur ein paar Monate vor der Krise von 1857, dass ‚das Geschäft durchaus gesund sei'" (MEW 25, S. 437). Marx führte noch die „Reports on Bank Acts" von 1857 und 1858 an. Dort wünschten sich, wie Marx vermerkte, „alle Bankdirektoren, Kaufleute, kurz alle vorgeladenen Sachverständigen, an ihrer Spitze Lord Overstone, wechselseitig Glück über die Blüte und Gesundheit des Geschäfts – genau einen Monat bevor die Krise im August 1857 ausbrach." (Marx, Kapital III, MEW 25, S. 502)

studierte Marx die Krisen seiner Zeit, vor allem die Wirtschaftskrisen von 1847 und 1857, und entdeckte dort deren allgemeine Bewegungs- und Erscheinungsformen. Im dritten Band des Kapitals finden wir eine tiefschürfende Analyse über den Zusammenhang von Überproduktionskrise, Kredit- und Zinszyklus.

Folgen wir im Eiltempo Marx in die Tiefen der kapitalistischen Warenproduktion, um dem allgemeinen Gesetz der Krise auf die Spur zu kommen, wie es noch heute wirkt und wie es auch die gegenwärtige Krise hervorbrachte.

1) Möglichkeit der Krisen

Produktion (Verkäufer) und Zirkulation bzw. Markt (Käufer), sind zwei zusammengehörende Phasen des Reproduktionsprozesses, die als Zufuhr (Angebot) und Nachfrage die beiden Momente der Warenmetamorphose[63] darstellen. Denn die Ware wird nicht für den Eigenbedarf sondern für den Verkauf produziert. Sie muss also angeboten werden. Die Realisierung ihres Preises ist Bedingung, dass der Verkäufer selbst nachfragen kann, wie zuvor ein anderer Verkauf Bedingung war, dass der Verkäufer einen Käufer finden konnte. Beide Prozesse, Verkauf und nachfolgender Kauf als Bedingung eines anderen Verkaufs, gehören zusammen. Sie bilden, wie Marx sagt, „eine innere Einheit", die sich aber notwendig in einem „äußeren Gegensatz bewegt". Dies unterscheidet die Warenzirkulation, den Tausch einer Ware gegen Geld und von Geld gegen Ware vom unmittelbaren Produktenaustausch. „Geht die äußerliche Verselbständigung der innerlich Unselbständigen, weil einander ergänzenden, bis zu einem gewissen Punkt fort, so macht sich die Einheit gewaltsam geltend durch eine – Krise."[64]

---

63 Marx symbolisiert die Gesamtmetamorphose einer Ware als W–G–W. Das erste W steht für eine Ware, die keinen Gebrauchswert für ihren Produzenten (Verkäufer) hat, G steht für das Geld, worin der Verkäufer den Wert der Ware für sich realisiert, W steht für die Ware des Bedarfs. Diese Form ist keineswegs nur eine Form der einfachen Warenproduktion sondern zugleich der kapitalistischen Warenproduktion. Sie kennzeichnet den Kreislauf des Warenkapitals, der Einheit seiner Zirkulations- und Produktionsphase ist. (Näheres dazu vergleiche Marx, Kapital II, MEW 24, S. 91ff)
64 Marx, Kapital I, MEW 23, S. 127f; näher ausgeführt als Kritik an Ricardos Akkumulationstheorie in MEW 26.2., S. 500ff.
Diese Möglichkeit der Krise ist bereits in der Ware enthalten, in dem Widerspruch von Gebrauchswert und Wert. Die Ware muss getauscht werden. Im Austauschprozess stellt sich der immanente Gegensatz von Gebrauchswert und Wert als ein äußerer Gegensatz von Ware und Geld dar. Hierdurch ist die Möglichkeit der Krise gegeben. Das bis heute gültige Dogma vom allgemeinen Marktgleichgewicht (Saysches Theorem) leugnet diese Möglichkeit. Keiner braucht unmittelbar

2) Notwendigkeit der Krise

Aber die kapitalistische Warenproduktion schafft nicht nur die Möglichkeit der Krise, sie bringt periodisch solche Krisen mit Notwendigkeit hervor. Finanzmärkte haben damit erst einmal gar nichts zu tun. Abstrakt formuliert kommt es zur Krise, wenn die Bewegung des Kapitals die zusammengehörenden, sich ergänzenden Phasen des Prozesses von Produktion und Markt nicht nur verselbständigt, sondern sie in ihrer Verselbständigung soweit auseinander treibt, bis die Metamorphosen des Warenkapitals nicht mehr flüssig ineinander übergehen.

Jede Krise ist zunächst nichts anderes als eine Überproduktionskrise; der Markt ist zu eng für die Produktion, er ist überfüllt. „Hätte", wie Marx kritisch gegen die Gleichgewichtstheorie der Klassik richtete, „die Erweiterung des Markts Schritt gehalten mit der Erweiterung der Produktion, there would be no glut of markets, no overproduction."[65]

In den Krisen wird dann die innere Einheit durch Kapitalvernichtung hergestellt; sie sind, worauf Marx häufig hinwies, „immer nur momentane gewaltsame Lösungen der vorhandenen Widersprüche, gewaltsame Eruptionen, die das gestörte Gleichgewicht für den Augenblick wiederherstellen."[66]

---

zu kaufen, nur weil er selbst verkauft hat. Die zusammengehörenden Momente von Verkauf und Kauf, also auch von Zufuhr und Nachfrage, können zeitlich und örtlich auseinanderfallen.

65 „... gäbe es keine Übersättigung der Märkte, keine Überproduktion." Marx, Theorien über den Mehrwert II, MEW 26.2., S. 525)

66 Marx, Kapital III, MEW 25, S. 259; ähnlich MEW 26.2., S. 500, 512f, 535

Die Nachfrage kann für gewisse Zeit schneller expandieren als die Produktion, um dann von der Produktion eingeholt und überholt zu werden. Der Augenblick, wo der Markt zu eng wird für die Produktion, ist die Krise, worin dann die innere Einheit beider gewaltsam hergestellt wird. Deshalb kann die Krise nur wirklich bereinigt werden durch eine massenhafte Entwertung des Kapitals, also hauptsächlich durch Vernichtung von Produktion, die über die Grenzen des Marktes hinausgeschossen war.

Der Marxsche Krisenbegriff

„Produkte", heißt es bei Ricardo nach Say, „werden stets gekauft durch Produkte oder durch Dienste; Geld ist nur das Medium, wodurch der Austausch bewirkt wird". (Saysches Theorem)

„Hier wird also erstens *Ware*, in der der Gegensatz von Tauschwert und Gebrauchswert existiert, in bloßes Produkt (Gebrauchswert) und daher der Austausch von Waren in bloßen Tauschhandel von Produkten, bloßen Gebrauchswerten, verwandelt. Es wird nicht nur hinter die kapitalistische Produktion, sondern sogar hinter die bloße Warenproduktion zurückgegangen, und das verwickeltste Phänomen der kapitalistischen Produktion – die Weltmarktkrise – dadurch weggeleugnet, dass die erste Bedingung der kapitalistischen Produktion, nämlich dass das Produkt Ware sein, sich daher als Geld darstellen und den Prozeß der Metamorphose durchmachen muß, weggeleugnet wird." (Marx, Theorien über den Mehrwert, MEW 26.2., S. 501f)

„Das Geld ist nicht nur das Medium, wodurch der Austausch bewirkt wird, sondern zugleich das Medium, wodurch der Austausch von Produkt gegen Produkt in zwei voneinander unabhängige, zeitlich und räumlich getrennte Akte zerfällt" (S. 504), so „...dass der, der verkauft hat, also die Ware in der Form des Gelds besitzt, nicht gezwungen ist, sofort wieder zu kaufen. (…) Wir haben gesagt, dass diese Form die Möglichkeit der Krise einschließt, d. h. die Möglichkeit, dass Momente, die zueinander gehören, die untrennbar sind, sich zertrennen und daher gewaltsam vereint werden. (…) Und weiter ist Krise nichts als die gewaltsame Geltendmachung der Einheit von Phasen des Produktionsprozesses, die sich gegeneinander verselbständigt haben. (…) Die Weltmarktkrisen müssen als die reale Zusammenfassung und gewaltsame Ausgleichung aller Widersprüche der bürgerlichen Ökonomie gefasst werden." (S. 510)

3) Warum die Krisen periodisch auftreten

Die Periodizität der Krise kann nichts anderes sein als die Periodizität des Auseinandertretens der zwei ergänzenden Phasen, die sich gegeneinander mehr und mehr verselbständigen, bis sich ihre innere Einheit in der Krise Geltung verschaffen muss. Für diese Periodizität gibt es eine „materielle Grundlage", die Marx im „Zyklus von zusammenhängenden Umschlägen", verursacht durch eine durchschnittliche Lebenszeit des fixen Kapitals, gesehen hatte. Das fixe Kapital charakterisierte Marx als dasjenige industrielle Kapital, das für längere Zeit dem Produktionsprozess vorgeschossen wird und erst nach Ablauf mehrerer Jahre, sagen wir im Durchschnitt zehn Jahre,[67] erneuert werden muss. Während dieser Zeit wirkt es als Arbeitsmittel im Produktionsprozess fort, gibt einen Teil des Werts an die zu produzierenden Waren fort, während der jeweilige Rest im Arbeitsmittel verbleibt, bis nichts mehr übrig ist und ein neues Arbeitsmittel an die Stelle des alten tritt. Demgegenüber muss beständig neues Kapital in Arbeitslohn, Roh- und Hilfsstoffe, also in Formen zirkulierenden Kapitals vorgeschossen werden.[68]

Die Einführung der Maschinerie bildete historisch einen Ausgangspunkt für eine große Neuanlage fixen Kapitals. Das Kapital warf mehr Geld in die Zirkulation, als es ihr entzog; d. h., es fragte Maschinen und andere damit verbundene Arten des fixen Kapitals nach, ohne ein entsprechendes Angebot zu liefern. Angebot und Nachfrage fielen auseinander, wobei die

---

67 Marx wies auf die empirischen Gegebenheiten hin, dass der Reproduktionstermin für verschiedene Bestandteile des fixen Kapitals verschieden ist. Zum Teil sei aber die Abnutzung des fixen Kapitals so, dass es „eine gewisse durchschnittliche Lebenszeit besitzt; für diese wird es ganz vorgeschossen; nach Ablauf derselben muss es ganz ersetzt werden." (MEW 24, S. 171) Das ökonomische Ende der Lebenszeit werde nicht nur durch den „physischen", sondern auch durch den „moralischen Verschleiß" bestimmt. Für die „entscheidenden Zweige der großen Industrie" nahm Marx für die damalige Zeit eine 10jährige Durchschnittslebenszeit an.

68 Marx analysiert diese Formunterschiede des produktiven Kapitals ausführlich im 8. Kapitel des zweiten Bandes des Kapitals (MEW 24, S. 158ff).

Produktion zunächst hinter der stark expandierenden Nachfrage zurückblieb. Von den Barrieren des Marktes zeitweise befreit, war die Produktion, wie Marx in einer anderen wichtigen Passage zur Notwendigkeit der Krise anmerkte, „nur beschränkt durch die Produktivkraft der Gesellschaft".[69]

Die Produktion verselbständigte sich. Maß ihrer Expansion waren vorübergehend nur die verfügbaren Produktivkräfte, nicht die vorhandenen Schranken des Marktes oder die zahlungsfähigen Bedürfnisse. Der Nachfrageschub änderte das Verhältnis der Produktionszweige zueinander und ließ die Zweige besonders wuchern, in denen sich die überschüssige Nachfrage konzentrierte.

Diese Phase überschüssiger Nachfrage verlängerte sich durch die bald mehr, bald weniger langen Perioden, die man für die Produktion des fixen Kapitals benötigte. Während solcher Arbeitsperioden trat solange Geld in die Zirkulation, teils in Zahlung von angewandten Arbeitskräften, teils in den Ankauf der zu verbrauchenden Produktionsmittel, bis das fixe Kapital produziert war.

Nach Abschluss der Investitionsphase zeigte sich schnell, wie sehr die Produktion über die „Konsumtionskraft der Gesellschaft" hinausgewachsen war, und wie sehr sie in ihrem Heißhunger nach Extraprofit die „Proportionalität der verschiedenen Produktionszweige" verletzte.[70] Die überschüssige Nachfrage musste in überschüssiges Angebot umschlagen, da die neu zur Produktion eingesetzten Maschinen in Höhe ihres Verschleißes einen Wertteil zum Warenangebot leisteten, ohne dass sie durch eigene Erneuerung eine Nachfrage auslösten.

Hier war ein systemischer Grund gegeben für das zeitliche Auseinanderfallen von Nachfrage und Angebot.

Die innere Einheit der sich gegeneinander verselbständigten und so zueinander in Widerspruch geratenen Momente der Warenmetamorphose machten sich in Form einer Krise gewaltsam

---

69   Marx, Kapital III, MEW 25, S. 254
70   Hier beziehen wir uns auf die von Marx (MEW 25, S. 254) hervorgehobenen Schranken für die Realisation. Es fehlt der Platz, diese Schranken im Einzelnen zu bestimmen.

geltend, die ihre Funktion darin hatte, die widerstreitenden Elemente ins Gleichgewicht zu rücken. Die ruckartige Expansion der Produktion war zur Voraussetzung ihrer plötzlichen Kontraktion geworden.

Dieser industrielle Zyklus, wie er mit der Herausbildung einer auf maschineller Produktion beruhenden kapitalistischen Produktionsweise entstand, reproduziert sich stets von Neuem, auf gleicher oder technisch veränderter Grundlage, wobei andere zyklische Prozesse hinzutreten, auf die wir hier nicht eingehen können. „Ganz wie Himmelskörper, einmal in eine bestimmte Bewegung geschleudert, dieselbe stets wiederholen, so die gesellschaftliche Produktion, sobald sie einmal in jene Bewegung wechselnder Expansion und Kontraktion geworfen ist", schrieb Marx mit Blick auf den sich stets wiedererzeugenden Zyklus. „Wirkungen werden ihrerseits zu Ursachen, und die Wechselfälle des ganzen Prozesses, der seine eigenen Bedingungen stets reproduziert, nehmen die Form der Periodizität an."[71] Und die Krise selbst wiederum bildet, wie Marx im zweiten Band des Kapitals schrieb, „den Ausgangspunkt einer großen Neuanlage. Also auch – die ganze Gesellschaft betrachtet – mehr oder minder eine neue materielle Grundlage für den nächsten Umschlagszyklus."[72]

4) Krisenzyklus, Kredit- und Zinszyklus

Hier ist nur der Kernprozess eines Krisenzyklus dargestellt, wie er bis heute mit Notwendigkeit aus der kapitalistischen Warenproduktion und Warenzirkulation hervorgeht. Vom Kreditsystem war bislang keine Rede. Aber Marx wusste sehr genau, „dass die reale Krisis nur aus der realen Bewegung der kapitalistischen Produktion, Konkurrenz und Kredit, dargestellt werden (kann)".[73] Vor allem im dritten Band des Kapitals wies

---
71   Marx, Kapital I, MEW 23, S. 662
72   Marx, Kapital II, MEW 24, S. 186
73   MEW 26.2., S. 513, ähnlich S. 534: „Es gibt noch eine Masse Momente, Bedingungen, Möglichkeiten der Krise, die erst bei der Be-

Kapitel III. Gesetz der periodischen Krisen

er nach, dass der Krisenzyklus eine entsprechende Bewegung beim Handelskredit („kommerzieller Kredit") hervorruft, und er zeigte, wie die Bewegung des Handelskredits mit der Expansion des Bankkredits zusammenhängt und wie schließlich durch Expansion und Kontraktion des Kreditsystems der Zinszyklus bestimmt wird.[74]

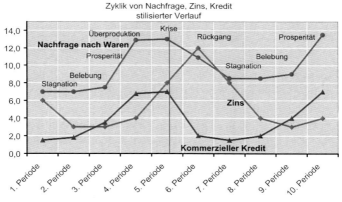

Grafik 7: Krisen-, Kredit- und Zinszyklus nach Marx

Es reicht nicht der Platz, um näher auf diesen sehr wichtigen Zusammenhang einzugehen. Eine grobe Skizze soll genügen, um zu zeigen, wie sehr die Bewegung des Kredits von der zyklischen Bewegung der Warenproduktion bestimmt wird und keineswegs deren Ursache bildet.

Während der aufwärtsgerichteten Konjunkturphasen existiert wegen der sich allmählich beschleunigenden Akkumulation (die Stagnation geht über in die Phase konjunktureller Belebung) größerer Kreditbedarf, der aber meist reibungslos gedeckt werden kann, da wieder größeres Vertrauen in die Zahlungsfähigkeit der Geschäftsleute untereinander besteht. Der Kredit expandiert, sowohl der Kredit, den sich Käufer und Verkäufer von Waren untereinander geben („kommerzieller Kredit") als auch

---

trachtung der konkretern Verhältnisse, namentlich der Konkurrenz der Kapitalien und des Kredits betrachtet werden können."
74 MEW 25, S. 413ff

4) Krisenzyklus, Kredit- und Zinszyklus

der Kredit, den sich die Geschäftsleute bei den Banken oder auf dem Kapitalmarkt holen. Zugleich wächst der Kreditbedarf von Privatkunden, die gerade während dieser Zeit von Banken mit Kreditangeboten bombardiert werden. Dies gilt sowohl für Konsumentenkredite als auch für Immobilienkredite. Der Zins ist anfangs noch niedrig, steigt aber im Zuge beschleunigter Akkumulation und erreicht in der Phase der Prosperität eine mittlere Höhe.

Die Produktion entkoppelte sich von den Schranken des Marktes. Sie führt vorübergehend ein Eigenleben. Es wird gemessen an den kaufkräftigen Bedürfnissen zuviel produziert. Es beginnt die Phase der Überproduktion.

Gegen Ende des Aufschwungs lässt die Dynamik der Nachfrage nach Waren (Ersatz/Erweiterung des fixen Kapitals sind weitgehend abgeschlossen) bei stark steigendem Angebot (neue Produktionsanlagen sind betriebsbereit) nach. Der Warenabsatz stockt, die Realisierung des Tauschwerts in Geld verzögert sich oder erweist sich gar als unmöglich. Damit verbunden ist erstens, dass die Verkäufer infolge des fehlenden Zahlungseingangs eine Zwischenfinanzierung benötigen. Kurzfristige Bankkredite sind gefragt.

Zweitens wächst das Misstrauen der Geschäftsleute untereinander. Es sinkt die Bereitschaft, Waren auf Kredit zu verkaufen. In unserer Analyse der vierten Phase der großen Krise war dies bereits ein wichtiger Punkt. Er wiederholt sich in jeder Krise, mal mehr, mal weniger dramatisch.

Bare Zahlung wird verlangt. Das Geld dient noch als wirkliches Tauschmittel, aber nur eingeschränkt als Zahlungsmittel, denn es kann wegen des allgemeinen Misstrauens der Geschäftsleute untereinander nicht mehr den Handelskredit vermitteln. Deshalb sinkt der kommerzielle Kredit (siehe Grafik 7). Auch dies löst Nachfrage nach Geld aus.

Liefe der Absatz normal, brauchte der Käufer häufig kein Geld vorstrecken, um die Ware zu kaufen, sondern er gäbe ein Zahlungsversprechen und löste dieses ein, sobald er durch den Verkauf der eigenen Ware über das nötige Geld verfügen würde. Aber selbst dann müsste das Geld nur körperlich anwesend sein, soweit sich die wechselseitigen Forderungen einer Zahlungskette nicht saldierten, also wirkliche Zahlung erforderlich wäre.

Nun kommt als eine notwendige Konsequenz der Absatzkrise noch ein dritter Punkt ins Spiel. Stockende Absätze mit fallenden Verkaufspreisen führen dazu, dass der Verkäufer seine eigenen Warenschulden nicht mehr begleichen kann. Solche Zahlungsschwierigkeiten treffen nicht nur ihn. Die gesamte Kette von Zahlungen zerreißt, die als Folge der Verkettung der Verhältnisse von Gläubiger und Schuldner entstanden war. Nun ist auf jeder Stufe bare Zahlung erforderlich, während sonst, bei glattem Verlauf, nur die Schuldenbilanz zu saldieren gewesen wäre.[75] Das Kreditsystem schlägt plötzlich um in das Monetarsystem.[76] Nun tritt, wie Marx bemerkt, „Zahlungsunfähigkeit nicht nur in einem, sondern vielen Punkten ein, daher Krise".[77] Wir haben es hier mit einer „Geldkrise" zu tun, die wie Marx an anderer Stelle bemerkte, als „besondere Phase jeder allgemeinen Produktions- und Handelskrise" auftritt.[78]

Die Zinsen vor allem für kurzfristige Kredite schießen wegen des sprunghaft gestiegenen Bedarfs nach Zirkulations- und Zahlungsmitteln in die Höhe. Kredite platzen, Banken, die sie vergaben, werden erschüttert.

Soweit in Kurzform das von Marx enthüllte Gesetz und die allgemeine Bewegungsform des Krisenzyklus'. Es ist dieser Grundmechanismus, der nun auch in der gegenwärtigen großen Krise gewirkt hat.

---

75 Dieser Umschlag geht aus dem Widerspruch hervor, den das Zahlungsmittel einschließt: „Soweit wirkliche Zahlung zu verrichten, tritt es nicht als Zirkulationsmittel auf, als nur verschwindende und vermittelnde Form des Stoffwechsels, sondern als die individuelle Inkarnation der gesellschaftlichen Arbeit, selbständiges Dasein des Tauschwerts, absolute Ware." (Marx, Kapital I, MEW 23, S. 152)
76 „Dies plötzliche Umschlagen des Kreditsystems in das Monetarsystem fügt den theoretischen Schrecken zum praktischen panic, und die Zirkulationsagenten schauern vor dem undurchdringlichen Geheimnis ihrer eigenen Verhältnisse." (MEW 13, S. 123)
77 Marx, Theorien über den Mehrwert, MEW 26.2., S. 514
78 MEW 23, S. 152

Kapitel IV
Warum die Krise eine große Krise ist:
Umschlag des längerfristigen Akkumulationstyps

Die Krise mit ihren dramatischen Höhepunkten 2008/2009 trat mit einer solchen Intensität hervor, dass wir sie wegen ihrer besonderen Heftigkeit bereits als „große Krise" bezeichneten. Worin bestand aber diese besondere Qualität der Krise?

Auf den ersten Blick waren es die besonders schweren Verwerfungen an den Finanzmärkten, die der Krise ein solches Attribut geben konnten. Unsere Analyse wies jedoch nach, dass solche Verwerfungen bei aller Heftigkeit doch nur eine Folgeerscheinung der Überproduktionskrise waren. Die Kreditkrise war nicht mehr als eine Konsequenz der Absatzkrise, die anfangs beschränkt war auf den US-Häusermarkt, später dann alle großen Produktionszweige des Weltmarktes erfasste, wodurch die entsprechenden Kredite, die das nun stockende Geschäft einst finanziert hatten, faul wurden. Das Zentrum solcher Kreditgeschäfte, Banken, Geld- und Kapitalmärkte, musste zwangsläufig erschüttert werden.

Die Frage, warum die Krise so heftig ausfiel, führt uns notwendigerweise in die wirkliche Warenproduktion, deren reproduktiver Zusammenhang den Akkumulationsprozess des Kapitals bildet.

Wir wissen bereits, dass die Akkumulation zyklisch verläuft und Krisen als notwendigen Knotenpunkt enthält. Das von Marx entdeckte allgemeine Gesetz der periodischen Krisen deckte die Möglichkeit, die Notwendigkeit und die Periodizität solcher Krisen auf. Seine Analyse der Krise zeigte, dass das Auseinandertreten von Produktion und Markt als zwei zusammengehörende Phasen zum normalen Rhythmus kapitalistischer Krisenzyklen gehört, wobei die Krise die Funktion hat, beide Momente durch Kapitalzerstörung wieder zusammen zu bringen. Es liegt auf der Hand, dass die Krise umso heftiger ausfallen muss, je stärker sich die verschiedenen, aber innerlich zusammengehörenden Momente der Warenmetamorphose gegeneinander verselbständigt haben.

Der Umfang der Kapitalbereinigung hängt keineswegs nur von der Stärke des unmittelbar vorangegangenen Konjunkturaufschwungs ab. Überzyklische, längerfristige Akkumulationsbedingungen spielen ebenfalls eine Rolle. Schon die einfache Beobachtung lehrt diesen Zusammenhang. Unbestritten ist beispielsweise, dass in Westdeutschland das Kapital in den 1950er und 60er Jahren eine Sturm- und Drangperiode erlebte. Während dieser Zeit waren die längerfristigen Akkumulationsbedingungen derart günstig für das Kapital, dass die Krisen, die es trotz allem gab, besonders milde ausfielen. Werfen wir nun einen Blick auf die längerfristigen Akkumulationstendenzen unserer Zeit.

1) Asymmetrie konjunktureller Phasen

Wie die zurückliegenden Krisenzyklen der US-Wirtschaft zeigen, folgte einer weniger ausgeprägten Krise 1990/91 ein großer Konjunkturaufschwung, der bis in das Jahr 2000 hinein anhielt. Die anschließende Rezession war trotz des starken Aufschwungs eher schwach ausgeprägt.

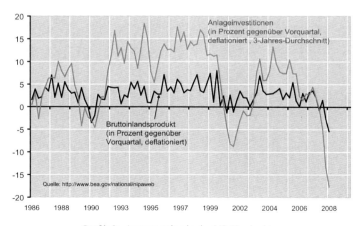

Grafik 8: Asymmetrien in der US-Konjunktur

Im Herbst 2001 ging es bereits wieder aufwärts. Aber dieser Aufschwung hatte wenig Kraft und war kürzer als der vorangegangene. Grafik 8 bringt die nachlassende Investitionsdynamik zum Ausdruck. Allerdings folgte diesem schwachen Aufschwung der scharfe Produktionsrückgang der großen Krise von 2008/2009. Trotz der vergleichsweise geringen Produktionsausweitung ab 2002 musste sich die Produktion weiter von den Schranken des Marktes entfernt haben als während des stürmischen Aufschwungs der 90er Jahre, dem nur eine schwache Produktionsanpassung gefolgt war. Anders herum formuliert: In den kleineren Krisen von 1990/91 bzw. von 2000/2001 wurde das Auseinanderdriften von Produktion und Markt nicht vollständig korrigiert, so dass sich überzyklische Disproportionen aufbauten, die in der großen Krise ganz oder teilweise beseitigt wurden.

Die Asymmetrie von kleiner Krise (1990/91 bzw. 2000/2001) und großem Konjunkturaufschwung (1992/2000) bzw. von kleinem Konjunkturaufschwung (2002/2007) und großer Krise (2008/09), d. h. Asymmetrie von einer zuvor weniger stark ausgeprägten Kapitalvernichtung und einer danach eintretenden großen Kapitalvernichtung trotz eines vorangegangenen nur geringen Aufschwungs, ist nichts anderes als ein Spiegel für die längerfristigen Akkumulationstendenzen. Hier muss ein Wechsel stattgefunden haben. Fragen wir zunächst, warum das Kapital die relativ günstige Konstellation aus großem Konjunkturaufschwung und kleiner Krise vorfand.

Wir können dies auf zwei Umstände zurückführen.

2) Die Sturm- und Drangperiode des Kapitals als Voraussetzung der großen Krise

Zunächst einmal eroberte das Kapital neue geografische Gebiete, durchdrang sie, integrierte sie in den Weltmarkt. Dazu gehörte neben den osteuropäischen Ländern vor allem China, wo Ende der 80er Jahre eine Sturm- und Drangperiode des Kapitals einsetzte. Im Zeitraffertempo wiederholten sich dort die Prozesse der ursprünglichen Akkumulation. Die Produzenten wurden von ihren Produktionsmitteln mehr oder weniger gewaltsam getrennt, und die Produktionsmittel verwandelten sich in Kapital.

Eine Industrieregion nach der anderen entstand und löste eine Folge heftiger Investitionstätigkeit aus. Dieser Investitionsboom ließ die Investitionsquote seit Anfang der 90er Jahre bis auf über 40 Prozent hochschnellen – mehr als das Doppelte dessen, was in bereits durchindustrialisierten Ländern üblich ist.

Grafik 9: Akkumulationsboom in China

China ist nur das auffälligste Beispiel. Hinzu kamen andere Regionen, darunter die Golfstaaten, die ihre hohen Öleinnahmen für den Ausbau ihrer Industrie und ihrer Infrastruktur ausgaben. Hier ist der Boom noch nicht zu Ende. Nach Angaben der National Bank of Kuwait von Anfang August 2009 werden auf der Arabischen Halbinsel Infrastrukturprojekte mit einem Gesamtvolumen von 2,1 Billionen Dollar gebaut oder sind noch in Planung. Die gigantischen Investitionen reichen von Straßen, Brücken, Abwasseranlagen bis hin zu Flughäfen und Kraftwerken. Allein die Vereinigten Arabischen Emirate (VAE) wollten bis 2011 rund 530 Milliarden Dollar ausgeben.

Die gute Konjunktur der zurückliegenden Jahrzehnte ist noch auf einen weiteren wichtigen Umstand zurückzuführen. Technologische Veränderungen haben neue Industrien entstehen lassen. Dazu zählen Technologie-Sprünge im Bereich der Computer-, Informations- und Kommunikationstechnologie, der Energieerzeugung (solare Energie, Windenergie) und in der Biotechnologie. Solche Produktivkraftentwicklungen gehen mit hohen Extraprofiten einher, die zu einer Quelle beschleunigter Akkumulation werden.

In diesen Regionen entstand ein Bau- und Investitionsboom, von dem die Unternehmen aus aller Welt profitierten.

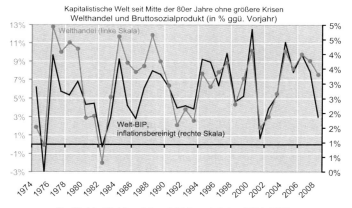

Grafik 10: Welthandel und Weltproduktion 1974-2008

Sowohl die geografische Durchdringung neuer Regionen als auch die sprunghafte Fortentwicklung der Produktivkräfte bewirkten eine „Sturm- und Drangperiode des Kapitals", wie sie Marx zeitweise für das 19. Jahrhundert beobachtet hatte. Welthandel und Produktion haben sich seit Mitte der 1980er Jahre ohne größere Rückschläge rasch ausgeweitet. Dieser „Lange Aufschwung" war eine Ära der geringen Inflation, der hohen Wachstumsraten und der geringeren Konjunkturabschwächung.[79] Grafik 10 lässt sich entnehmen, dass von Mitte der 80er Jahre bis Anfang 2000 die Wachstumseinbrüche deutlich milder ausfielen als in der vorangegangenen Periode.

---

79 Dazu Roubini/Mihm (2010), S. 43ff.

Der Aufbau neuer Industrien samt der dazu gehörenden Infrastruktur beinhaltete eine anhaltend starke Nachfrage nach Produktionsmitteln verschiedenster Art. Neue Industrieregionen sind in China, Indien, im Mittleren Osten und teilweise in Mittelosteuropa aufgebaut worden. Neue Technologien haben Industrieregionen überall auf der Welt entstehen lassen, z. B. in Kalifornien. In der Aufbauphase solcher Industrieregionen entsteht ein Nachfragesog nach Bauten, Anlagen, sonstigen Produktionsmitteln und Arbeitskräften, indirekt nach Konsumgütern, auch nach Wohnimmobilien etc.

3) Änderungen im Finanzsektor

Die Sturm- und Drangperiode des Kapitals änderte auch den Finanzsektor, räumte dort die Barrieren fort, die einer beschleunigten Kapitalakkumulation im Wege standen. Die Liberalisierung der Finanzmärkte, deren Höhepunkt in die Amtszeit des US-Notenbankpräsidenten Alan Greenspan fiel, erfüllte die Wünsche des Industrie- und Handelskapitals nach rascher Expansion des Kreditsystems. Die Finanzierung nicht nur durch Bankkredite, sondern vor allem über den Kapitalmarkt war unverzichtbar geworden. Das Kreditsystem in all seinen Formen und Abteilungen expandierte. Die gigantischen Schuldenberge, die sich bei Staat, Unternehmen und Privaten auftürmten, spiegelten sich auf den Immobilien-, Aktien- und Anleihemärkten in riesigen Vermögensblasen. Um das Kreditbedürfnis von Wirtschaft und Staat zu stillen, mussten neue Finanzinstrumente eingesetzt werden. Dies geschah durch Verbriefung und Weiterverkauf von Bankkrediten und durch Finanzderivate (Credit Default Swaps). Globalisierter Kreditmarkt und Bankgeschäft haben sich schließlich derart miteinander verschränkt, dass durch die Pleite einer großen Bank das gesamte Finanzsystem zusammenbrechen konnte.

4) Notwendigkeit des Umschlags des Akkumulationstyps

Sobald die Industrieregionen aufgebaut sind, fließt von dort ein Warenstrom in den Weltmarkt, der notwendigerweise größer ist als die eigene Nachfrage. Grund für dieses überschüssige Angebot: Das neu entstandene fixe Kapital muss erst später erneuert, d. h. aus dem Weltmarkt durch Kauf herausgezogen werden.

Eine Analyse der Wertbestandteile von Angebot und Nachfrage[80] verdeutlicht diese überschüssige Produktion.[81]

Die produktionsreif gewordenen neuen Industrieregionen schaffen ein Angebot, dessen Wertbestandteile wie die anderer Industrien aus dem Wert des verbrauchten fixen Kapital (Cfix), dem Wert des zirkulierenden konstanten Kapital (Czirk), den Löhnen (Cv) und dem Gesamtüberschuss oder Mehrwert (Profit, Zins, Pacht, Steuern) besteht.[82] Größe und Aufspaltung des

---

80 Wertvolle Hinweise zur formalen Darstellung der Angebots-Nachfrage-Verhältnisse verdanke ich Wolfgang Hoss, http://www.wolfgang-hoss.com/index.html.

81 Die bürgerliche Einkommens- und Beschäftigungstheorie klammert den Umschlag des fixen Kapitals aus, indem sie von einem gleich bleibenden Bestand an Kapitalgütern ausgeht, ohne die möglichen Veränderungen hier zu untersuchen. Das systematische und notwendige Auseinanderfallen von Produktion und Markt, das die innere Dynamik der Krisenzyklen antreibt, bleibt ihr verborgen.

82 Das konstante Kapital erscheint im Warenwert nur wieder, weil der entsprechende Wert zuvor schon da war und von der konkret-nützlichen Arbeit auf den Arbeitsgegenstand übertragen wurde. V+M sind hingegen neu produzierte Werte. Aber dieser Unterschied verschwindet, sobald wir den oberflächlichen Standpunkt eines Einzelkapitals einnehmen. In seiner Kostenrechnung stellen sich diese Wertbestandteile als Kostpreis (im Sinne von Selbstkosten) plus Profitaufschlag dar. Wie Marx herausfand, werden die inneren Wertverhältnisse hauptsächlich durch drei Umstände mystifiziert: Erstens durch die Kategorie des Kostpreises, worin die beiden verschiedenen Wertbestandteile, nämlich der von der Arbeit übertragene Wert der Produktionsmittel und der von der Arbeit neu geschaffene Wert unterschiedslos zusammengebracht sind. Die Quelle des Neuwerts, also die Arbeit, und damit die Quelle des Mehrwerts, die unbezahlte Mehrarbeit sind ausgelöscht. An

Mehrwerts (Cm) sind hier nicht von Bedeutung. Der Springpunkt für die säkulare Überproduktionskrise, der hier herausgestellt werden soll, liegt begründet im Umschlag des fixen Kapitals und in der daraus folgenden Art und Weise, wie das verzehrte fixe Kapital ersetzt werden muss.

Wir haben also ein Angebot mit der Wertsumme (A):

(1) A = Cfix + Czirk + Cv + Cm

Welche Nachfrage schaffen die produktionsreif gewordenen neuen Industrieregionen? Wie hoch ist also der Warenwert, den sie aus dem Weltmarkt direkt durch die eigene Nachfrage oder indirekt durch die gelieferten Einkommen ziehen?

Sie müssen in jedem Fall das zirkulierende konstante Kapital (Kzirk) erneuern. Ebenso führen die ausbezahlten Löhne (Kv) und der vollständig realisierte Mehrwert (Km) zu neuer Nachfrage, die – das soll unsere Annahme sein – ebenso hoch sei wie das gelieferte Angebot. Unterstellt ist, dass Czirk=Kzirk, Cv=Kv und Cm=Km sind. Ist aber Cfix auch gleich Kfix? Wohl kaum. Denn die gerade erst eingesetzten langlebigen Arbeitsmittel bleiben über die gesamte Lebensdauer erhalten. Sie müssen also nicht ersetzt werden, obwohl Wertteile davon in Höhe des Verschleißes sukzessive ins Warenangebot fließen.

Die neuen Industriezweige entziehen dem Weltmarkt durch ihre eigene Nachfrage – zumindest für eine gewisse Zeit, die

---

die Stelle des Unterschieds von konstantem und variablem Kapital tritt der von zirkulierendem und fixem Kapital. Eine zweite Quelle der Mystifikation bildet der Kostpreis dadurch, dass er Teile des Mehrwerts in vorausgesetzte Kostengrößen verwandelt, wie den zu zahlenden Zins, Mietkosten, Pacht, Steuern etc. Drittens ist der verbleibende Mehrwert dadurch mystifiziert, dass er scheinbar aus allen Teilen des Kapitals zu entspringen scheint, also auch aus dem konstanten Kapital. Zudem weisen die Profite je nach Unternehmen eine unterschiedliche Höhe auf, so dass sich die erfolgreicheren Unternehmer einbilden können, dass ihr besonderes Geschick zumindest einen Teil des Überschusses hervorgebracht hat. Solche Mystifikationen hat Marx zu Beginn des dritten Bandes des Kapitals entwickelt und die Vermittlung hergestellt zwischen den verborgenen Wertkategorien und den erscheinenden Kostengrößen.

bestimmt wird von der Dauerhaftigkeit der Arbeitsmittel und der Bereitschaft, Erweiterungsinvestitionen vorzunehmen – weniger Wert in Gestalt von Arbeitsmitteln als sie dem Weltmarkt in ihrem Angebot liefern.

Wenn die Nachfrag (N) aus den Wertteilen

(2) $N = K_{fix} + K_{zirk} + K_v + K_m$

besteht, dann ist für eine gewisse Zeit der Ersatz von fixem Kapital K_{fix} kleiner als der im Angebot enthaltene Wertteil C_{fix}, so dass die Beziehung (3) gelten muss:

(3) $A > N$

In dem Maße, wie neue Industriezweige zur Produktionsreife gelangen, kumulieren sich solche säkularen Angebotsüberschüsse. Ein solcher Angebotsüberschuss existiert der Tendenz nach über mehrere Konjunkturzyklen hinweg und zwar so lange, bis die langlebigen Anlagegüter in ihrer Masse ersetzt werden müssen.

Wir haben es mit einem Umschlag des Akkumulationstyps zu tun. Die Sturm- und Drangperiode des Kapitals geht in eine Niedergangsperiode des Kapitals über. Hierbei handelt es sich um eine säkulare, also längerfristige Bewegung, die durch eine Periode allgemeiner chronischer Überproduktion, tendenziell niedrigerer Akkumulation und insgesamt durch eine erhöhte Instabilität gekennzeichnet ist.

Die große Krise, in der die kapitalistische Ökonomie seit 2008 steckt, ist ein Hinweis auf den Beginn einer solchen Niedergangsperiode des Kapitals.

Kapitel V
Krisenmanagement der Regierungen

Im Verhältnis von Ökonomie und Staat brachte die große Krise eine wundersame Verkehrung: Statt dass der Staat von der Ökonomie, lebte die kapitalistische Ökonomie vom Staat. In allen Ländern beobachteten wir eine dramatische Entkoppelung von steuerfinanzierten Staatseinnahmen und Ausgaben mit der Folge, dass die Staatsverschuldung sprunghaft stieg. In einigen Ländern, darunter in den USA und Großbritannien, lag die Neuverschuldung, gemessen am jeweiligen BIP, im zweistelligen Bereich. Entsprechend nahm die staatliche Gesamtverschuldung sprunghaft zu. Eine neue Schuldenblase bildete sich heraus, diesmal auf der Seite der Staaten, der eine Vermögensblase bei den Besitzern der Staatsanleihen gegenübersteht.

	Haushaltsdefizit 2010 (in % des Bruttoinlandsprodukts)	Schuldenquote (in % des Bruttoinlandsprodukts)	
		2007	2010
Griechenland	-9,5	99,2	140,2
Irland	-32,3	25,0	84,1
Spanien	-9,3	36,1	97,4
Portugal	-7,3	62,7	82,8
Italien	-5,0	112,0	118,9
Belgien	-4,8	84,2	98,5
Frankreich	-7,7	63,8	83,0
Deutschland	-3,7	64,9	75,7
Eurozone	-6,3	65,9	84,1
Großbritannien	-10,5	44,5	77,8
USA	-11,1	62,1	92,7
Japan	-9,6	187,7	225,9

Quelle: EU-Kommission, IWF

Tabelle 4: Schuldenexplosion

1) Grenzen der Staatsverschuldung

Wie gezeigt wurde, entstand der Schuldenaufbau des Staates als eine Konsequenz der Krise des Kapitals. Er war die Kehrseite einer Interventionspolitik, die darauf abzielte, das kapitalistische System zu retten und die mit der Krise einsetzende Vernichtungsspirale des Kapitals zu bremsen. Durch diese Rettungsaktion sind die Entwertungsrisiken vom Kapitalsektor in den Staatssektor gewandert. Mit seinem eigenen öffentlichen Kredit garantierte der Staat den entwerteten privaten Kredit. Dadurch verhinderte er die Vernichtung von Kapital. Die Krise ist in ein neues Stadium getreten: Aus der Krise des Kapitals wurde eine Fiskal-Krise des Staates.

Grafik 11: Von der Krise des Kapitals zur Krise des Staates

Eine zweite Konsequenz der Krise bestand in den massiven Interventionen der Notenbanken. Diese Geld- und Kreditpolitik zielte darauf ab, die vom Kapitalmarkt entwerteten oder zumindest gefährdeten Kreditpapiere in die eigene Bilanz zu übernehmen. Vergleichbar mit den wirtschaftspolitischen Maßnahmen der Regierung sind durch diese Rettungsaktionen die Entwertungsrisiken vom Kapitalsektor in den Staat gewandert, allerdings in eine andere Abteilung des Staates, nämlich in die Bilanz der Notenbank. Sichtbar wird dies durch einen sprunghaften Anstieg der Bilanzsumme.

Grafik 11 schematisiert am deutschen Beispiel die Verschiebung der Kapitalentwertungsrisiken vom Kapitalsektor hin zum Staatssektor. Die Krisenpolitik entlastete sowohl das in Industrie und Handel fungierende Kapital als auch das vor allem in Wertpapieren fixierte fiktive Kapital.

Die Krise hat eine weitere Stufe erreicht, die wir entlang der europäischen Schuldenpolitik bereits analysierten. Die durch die große Krise entstandene Entwertungskrise des Kapitals, die der Staat durch seinen öffentlichen Kredit übernommen hatte, überforderte die Finanzierungsmöglichkeiten einiger Nationalstaaten. Griechenland, Irland und Portugal stießen an ihre Verschuldungsgrenzen und mussten, um nicht Pleite zu gehen, mit Krediten und Garantien von den anderen Euro-Staaten versorgt werden. Als letzter Stabilitätsanker dienen jetzt die relativ stabilsten Länder, deren Schuldensituation aber auch nicht besonders komfortabel ist. Der Anker ist bereits brüchig.

Rückblickend betrachtet war die bisherige Schuldenpolitik nichts anderes als eine Politik des Aufschubs. Die Risiken sind geblieben, nur dass sie anders verteilt sind und inzwischen die Staatsfinanzen untergraben.

Wo aber die Grenzen der Staatsfinanzierung liegen, ist keineswegs eine klare Sache. Feststehende Regeln gibt es nicht. Wie bei jedem Schuldner spielt auch beim Staat das Vertrauen und die Bereitschaft anderer, Bürgschaften bzw. Kredithilfen zu geben, eine große Rolle. Der ungarische, rumänische oder ukrainische Staat wäre längst Pleite, hätte es die IWF-Hilfen nicht gegeben.

Finanzierungsquellen des Staates

Daneben spielt die Politik der Notenbank eine große Rolle. Wie hätten die USA, Großbritannien und Japan die hohe Staatsverschuldung bewältigen können ohne die Kredithilfen ihrer

1) Grenzen der Staatsverschuldung

Notenbank? Dass sich die Grenzen der Staatsverschuldung in Griechenland bereits frühzeitig zeigten, hängt auch damit zusammen, dass die EZB nur sehr begrenzt, nämlich im Rahmen ihrer Ankäufe von Euro-Anleihen von bislang knapp 80 Milliarden Euro, als Finanzier der Staatsschulden zur Verfügung stand.

Dem Staat stehen – von Raubkriegen etc. abgesehen – vier Geldquellen zur Verfügung: Die Finanzierung durch Steuereinnahmen, die Finanzierung durch (ordentliche) Kreditaufnahme, die Finanzierung über die Notenpresse bzw. durch elektronische Bereitstellung von Geld und schließlich Finanzierung durch Privatisierung von Staatsvermögen. Hier sind die Grenzen nach der Privatisierungspolitik des Staates während der zurückliegenden zwei Jahrzehnten bereits ziemlich eng gezogen.

Soweit die Finanzierung durch Steuereinnahmen gelingt, entstehen keine Verschuldungsprobleme und damit keine Verschuldungsrisiken für den Staat. Allerdings zeigt die Finanzierungssituation sämtlicher Staaten, dass solch eine Finanzierungsweise ganz offensichtlich ihre Grenzen hat. Die Wirtschaft verläuft nicht gleichmäßig und geordnet, sondern – wie wir schon dargestellt haben – chaotisch, krisenhaft. Jede Krise reduziert die Steuereinnahmen und zugleich erhöht sie die Staatsausgaben, so dass eine Kreditfinanzierung notwendig wird.

Verschuldung durch Kreditaufnahme an den Finanzmärkten

Der Staat kann sich – meist durch Ausgabe von Wertpapieren – beim heimischen oder auswärtigen Publikum verschulden. Das Geld, das der Staat einsammelt, ist Geld, das andere Geldbesitzer ihm zur Verfügung stellen. Diese Übertragung von Geld gegen ein Rückzahlungs- und Zinsversprechen (der Kreditgeber verwandelt dadurch sein Geld in zinstragendes Kapital; er besitzt nun kein Geld mehr, sondern nur Anspruch auf Geld) vermehrt nicht die Menge des zirkulierenden Geldes durch Beimischung von neu geschaffenen Papierzetteln. Deshalb hat diese Art der Kreditfinanzierung auch keinen besonderen Einfluss auf inflationäre Prozesse.

Allerdings stößt die ordentliche Kreditaufnahme auf Schwierigkeiten und Grenzen. Um Geld zu bekommen, müssen die Staaten der Finanzwelt gegenüber kreditwürdig sein. Entscheidend ist hierbei, dass die Zeichner der Staatsanleihen dem Staat vertrauen, dass er bei einigermaßen stabilem Geldwert die Anleihen samt Zinsen termingerecht zurück bezahlt. Ein solches Vertrauen lässt sich nicht erzwingen, selbst größere Staaten können das nicht. Es stützt sich auf eine Reihe politischer Bedingungen (Größe, Festigkeit und internationale Einbindung des Staates) und hat als ökonomische Voraussetzung einerseits die finanzielle Verfassung des Staates, wie Höhe der Gesamtverschuldung, bestehende Zinslast, Tempo der Neuverschuldung, andererseits die Steuerkraft des Landes, die letztendlich als Garantie hinter dem Staatskredit steht, selbst aber abhängig ist von Größe und Dynamik der Volkswirtschaft.

Während der großen Krise wurde die Vertrauens-Schranke der Kreditaufnahme häufig getestet. Nicht nur Rumänien, Ungarn, Griechenland und die baltischen Länder hatten mit Platzierungsschwierigkeiten zu kämpfen, selbst Länder wie Spanien und Italien konnten ihre Anleihen oftmals nur mit Verzögerung und mit einem beachtlichen Zinsaufschlag an den Märkten unterbringen. Zeitweise richtete sich die Spekulation gegen die Kreditwürdigkeit des britischen und des US-amerikanischen Staates. Ungarn fand 2008 keinen Zugang mehr zum Kapitalmarkt. Der Staat wäre Pleite gegangen, hätten nicht der Internationale Währungsfonds und die Europäische Union im Herbst 2008 rund 20 Milliarden Euro Notkredite bereitgestellt. Im Juni und Oktober 2009 scheiterten Versteigerungen lettischer Anleihen in London, für die so gut wie keine Nachfrage da war. Lettland hielt seine Zahlungsfähigkeit nur noch aufrecht, weil der Internationale Währungsfonds (IWF), die Europäische Union und die nordischen Nachbarn im Dezember 2008 Notkredite in Höhe von 7,5 Milliarden Euro zur Verfügung stellten.[83]

---

83 Ein wachsendes Misstrauen gegen den Staat als Schuldner drückt sich in jedem Fall in einem Risikoaufschlag seiner emittierten Staatsanleihen aus, sollte er sie überhaupt versteigern (verkaufen) können. Die Zinslast wächst also genau in dem Moment, wenn auch die

1) Grenzen der Staatsverschuldung

Die Verschuldungspolitik des griechischen Staats hat die Grenzen der Kreditaufnahme besonders sichtbar gemacht. Vertrauen ging verloren, nicht nur weil Unsicherheiten bestanden über das tatsächliche Ausmaß der Verschuldung, sondern vor allem deshalb, weil der Schuldenstand mit 140 Prozent bereits sehr hoch und die Neuverschuldung trotz aller Sparmaßnahmen kaum zu begrenzen war, die Wirtschaft nicht aus der Depression heraus kam und die Wirtschaftskraft als nicht besonders hoch eingestuft wurde. Rating-Agenturen setzten in mehreren Schritten die Bonität griechische[r Anleihen drastisch herab. Die Anle]ger wurden misstrauisch; s[ie begannen, ihre Anla]gen griechischer Anleihen [...] zu verkaufen. Das Misstra[uen ging so weit, dass der] Staat selbst kurzfristige An[leihen nicht mehr platzieren konnte.]

Der Kapitalmarkt selbs[t war es, der der Verschuldung eine] unüberwindbare Grenze setzte.

Verschuldung durch Einschaltung der Notenpresse

Mit großen Schwierigkeiten hatten auch andere Staaten zu kämpfen. Für diejenigen, die über eine eigene Notenbank verfügten, versprach das Anwerfen der Notenpresse eine einfache Lösung zu bringen.[84]

Technisch gesehen ist dies ein einfacher und umso verführerischer Weg, an gesellschaftlichen Reichtum zu gelangen: Die Regierung gibt eine Anleihe heraus, die sie nicht mehr auf den

---

öffentlichen Schulden explodieren. Die wachsende Zinslast nagt dann zusätzlich an der Kreditwürdigkeit des Staates.

84 Ben Bernanke, der Präsident der US-Notenbank, hielt bereits am 21. November 2002 eine programmatische Rede unter dem Titel „Deflation: Making Sure ‚It' doesn't Happen Here", in der er unkonventionelle Maßnahmen für den Fall einer drohenden deflationären Krise vorschlug. Die Quintessenz seiner damaligen Rede, die weltweit zur geldpolitischen Richtschnur wurde, lautete: „Aber die US-Regierung verfügt über eine Technologie, genannt Druckerpresse (oder heutzutage ihr elektronisches Äquivalent), die es ihr gestattet, ohne Kosten so viele US-Dollar zu produzieren, wie sie will." (zitiert bei Leuschel/Vogt, S. 112)

Finanzmärkten platzieren muss, sondern einfach an ihre Notenbank weiterreicht. Die Notenbank gibt der Regierung ihre eigenen Papierzettel, denen je nach Land Geldnamen wie Dollar, Pfund etc. aufgedruckt sind. Nun verfügt der Staat direkt über das Geld (meist in Form eines Guthabens bei der Notenbank), um seine Staatsausgaben zu bestreiten.

Dieser Weg, der bis zum Beginn der Krise wegen der Missbrauchs- und Inflationsgefahren diskriminiert war, umgeht nicht nur die Schwierigkeiten einer Kreditaufnahme an den internationalen Finanzmärkten, sondern drückt dazu die Zinsen auf ein niedrigeres Niveau, das dem Staat mehr Spielraum beim Aufbau seiner öffentlichen Schuldenblase verschafft.[85]

Die Notenbanken verharmlosen diese Art der Geldbeschaffung mit der Bezeichnung „Quantitative Easing", was euphemistisch mengenmäßige geldpolitische Lockerung bedeutet.

Mittlerweile bekennen sich drei große Notenbanken, die Fed, die Bank of Japan und die Bank of England, öffentlich zu einer Politik des „Quantitative Easing".

Die EZB zögerte anfangs noch. Ihr erster Schritt in diese Richtung bestand in Käufen von Pfandbriefen. Später dann öffnete sie vorsichtig die Tür für den Erwerb von Staatsanleihen. Bis Ende April 2011 lagen die Gesamtkäufe bei rund 80 Milliarden Euro.

---

85 Die US-Notenbank Fed beschloss Anfang November 2010 ein Kaufprogramm amerikanischer Anleihen in Höhe von 600 Milliarden US-Dollar, das Ende Juni 2011 abgeschlossen sein soll. Mit ihrer Entscheidung erhöht die Fed ihre Bestände an Wertpapieren auf rund 2,6 Billionen Dollar, das entspricht in etwa einer Vervierfachung des vor der Krise gehaltenen Volumens. „Sie hält schon jetzt rund 12,5 % aller amerikanischen Staatsanleihen" (FAZ vom 4.11.2010). Ihr erstes Kaufprogramm über 1,75 Billionen Dollar beendete die Fed im Frühjahr 2010. Solche Kaufprogramme stoßen selbst in den USA auf immer heftigere Kritik: Tom Hoenig, Leiter der regionalen Notenbank in Kansas City, bezeichnete die zweite Kaufwelle als „Pakt mit dem Teufel" (FAZ vom 3.11.2010).

1) Grenzen der Staatsverschuldung

Staatliches „Falschgeld" beschleunigt die Inflation

Das „Quantitative Easing" läuft auf „legalen Betrug" hinaus[86], versteckt hinter der Fassade von Wohlanständigkeit, Autorität, Allwissenheit. Anders als bei der ordentlichen Kreditaufnahme geht nämlich der Staat (unmittelbar oder mittelbar)[87] einkaufen nicht mit dem Geld anderer Leute, das als Wertzeichen nur eine verwandelte Form des Warenwerts wäre, sondern mit frisch gedruckten Papierzetteln, die ein solches Wertzeichen erst einmal nicht darstellen. Rein äußerlich sieht man den Banknoten diesen ökonomischen Unterschied nicht an. Ökonomisch gesehen verhält sich der Staat wie ein „Falschgeldhersteller"[88], der selbst Banknoten druckt, um damit einkaufen zu gehen – nur die Dimensionen sind viel größer, wenn der Staat dies tut. Dass es juristische Unterschiede gibt, wenn der Staat (legal) oder ein privater Geldfälscher (illegal) selbst gedruckte Papierzettel in die Zirkulation wirft, ist unter dem Gesichtspunkt der Beimischung

---

86 „Nicht anders als beim Falschgeldhersteller kann der Staat auf diese Weise also Rechnungen bezahlen, ohne irgendeine Gegenleistung zu erbringen. Das Geld musste nicht verdient oder gespart werden, es wird einfach hergestellt. Der Staat kann somit Leistungen kaufen, ohne eine Gegenleistung zu liefern. Wenn man ‚quantitative easing' als das betrachtet, was es ist, also den Schleier der hochtrabenden Propaganda lüftet und Klartext spricht, wird sofort klar, dass hier irgendeine Art von – natürlich de jure legalem – Betrug stattfindet." (Leuschel/Vogt, S. 151)

87 Der Staat kauft selbst, also unmittelbar, Militärwaren, Infrastruktureinrichtungen, Sachmittel verschiedenster Art, mittelbar kauft er, indem er Transferzahlungen leistet oder seinen Soldaten, Beamten, Angestellten etc. Sold, Gehalt, Tantieme, Pensionen etc. ausbezahlt, womit dann die gewünschten Waren gekauft werden.

88 „Ist das nicht herrlich? Bezahlen, ohne Geld zu haben. Bezahlen mit Geld, das es vorher nicht gab. Gewissermaßen mit legalem Falschgeld. Denn der einzige Unterschied dieses neu geschaffenen Geldes zu den Blüten eines Geldfälscherrings besteht natürlich darin, dass Letzterer per Gesetz kein Geld schöpfen darf, Erstere aber sehr wohl". (Leuschel/Vogt, S. 131)

von Falschgeld ökonomisch unbedeutend. Hier interessiert nicht das Strafgesetz, sondern das ökonomische Gesetz.

Mit dem Kauf von Waren bringt der Staat die mit einem aufgedruckten Geldnamen versehenen, zunächst wertlosen Papierzettel („Falschgeld") in die Zirkulation. Dort vermischen sie sich unterschiedslos mit den bereits zirkulierenden Banknoten und verwandeln sich für die Warenverkäufer sofort in ein Wertzeichen für die von ihnen fortgegebene Ware.

Aber es existieren jetzt durch die Beimischung von Falschgeld mehr Wertzeichen bei gleich gebliebenem Warenumlauf, d. h. es existiert zu viel Geld bezogen auf das Gesetz des Geldumlaufs, wonach die Menge der Zirkulationsmittel bestimmt ist durch die Preissumme der zirkulierenden Waren und die Durchschnittsgeschwindigkeit des Geldumlaufs.

Die Banknoten besitzen keinen Eigenwert, wie die Gold- oder Silbermünzen. Sie haben nur Wert, weil sie von der Warenmetamorphose zirkuliert werden[89]. Ihr Wert hängt von ihrer zirkulierenden Menge ab. Marx hat das als das „spezifische Gesetz der Papiergeldzirkulation" bezeichnet.[90]

---

89 Im Gegensatz dazu ist es bei Leuschel/Vogt die Notenbank, die mit einer geheimnisvollen Kraft ausgestattet voraussetzungslos Geld produzieren kann. Sie erklären Geld ebenso wenig wie die Volkswirtschaftslehre. Sie setzen es mit all seinen Funktionen voraus und beziehen es äußerlich auf die zirkulierenden Güter. Gedankenlos sehen sie Tausch und Geld als eine Konsequenz der Arbeitsteilung. Hätten sie nur einmal in eine Fabrik geschaut, dann hätten sie Teilung der Arbeit sehen können, ohne dass die Teilprodukte gegen Geld ausgetauscht werden. Der ägyptische Pyramidenbau wäre ohne Arbeitsteilung unmöglich, aber es ist nicht überliefert, dass dort die Produkte zu Waren wurden, die sich gegen Geld tauschten.

90 „Und dies Gesetz ist einfach dies, dass die Ausgabe des Papiergelds auf die Quantität zu beschränken ist, worin das von ihm symbolisch dargestellte Gold (resp. Silber) wirklich zirkulieren müsste. (…) Überschreitet aber das Papier sein Maß, d. h. die Quantität von Goldmünze gleicher Denomination, welche zirkulieren könnte, so stellt es, von der Gefahr allgemeiner Diskreditierung abgesehen, innerhalb der Warenwelt dennoch nur die durch ihre immanenten Gesetze bestimmte, also auch allein repräsentierbare Goldquantität vor. Stellt

1) Grenzen der Staatsverschuldung

Ist die zirkulierende Geldmenge größer als jene, bei der das Preisniveau konstant bleibt, dann steigen tendenziell die Warenpreise.[91] Dieser Inflationseffekt mag temporär überkompensiert werden durch allgemein fallende Warenpreise während einer rückläufigen Konjunktur. Damit ist er keineswegs aus der Welt der Waren geschafft.

Wenn nämlich der Staat durch seine ökonomische „Geldfälschung" die zirkulierende Geldmenge erhöht, indem er direkt oder indirekt Waren nachfragt, dann kaufen die anderen weiterhin das, was sie aufgrund ihrer Bedingungen benötigen. Anders als bei der Steuerfinanzierung oder der ordentlichen Kreditaufnahme tritt kein privater Käufer notwendigerweise zurück.

Auch besteht ein Unterschied zur Kreditschöpfung, etwa wenn die Notenbank aufgrund einer höheren Kreditnachfrage mehr Kredit bereitstellt. Das Geld hat hier den Charakter von Kreditgeld, das notwendig zur Ausgabestelle zurückkehrt, so dass die Kaufkraft, die mit der Kreditschöpfung verbunden war, wieder verschwindet. Demgegenüber zirkuliert das äußerlich in die Zirkulation geworfene „Falschgeld" weiter. Anders als beim Kreditgeld existiert kein ökonomisches Rückstromprinzip.[92] Entsprechend dauerhaft wirkt der Inflationsimpuls.

---

die Papierzettelmasse z. B. je 2 Unzen Gold statt je 1 Unze dar, so wird faktisch 1 Pfd. St. z. B. zum Geldnamen sage etwa von 1/8 Unze statt von ¼ Unze. Die Wirkung ist dieselbe, als wäre das Gold in seiner Funktion als Maß der Preise verändert worden. Dieselben Werte, die sich daher vorher im Preise von 1 Pfd. St., drücken sich jetzt im Preise von 2 Pfd. St. aus." MEW 23, S. 141 f; ähnlich: MEW 13, S. 98ff

91   Hier geht es ausschließlich um die Voraussetzungen einer Hyperinflation, die ihren Höhepunkt in der allgemeinen Diskreditierung des Geldes hat. Die schleichende (säkulare) Inflation als ständige Begleiterscheinung der staatlichen Interventionspolitik wird an dieser Stelle nicht thematisiert.

92   Die Auffassung, wonach die Banknote in Form des Kreditgelds nicht inflationsbestimmend ist, hat theoriegeschichtlich gesehen die Banking-Theorie mit ihrem Vertreter Thomas Tooke (1774-1858) gegen die Currency-Theorie vorgebracht. Diese Kontroverse ist bis heute nicht verstummt. Interessante Überlegungen dazu findet man bei Knolle-Grothusen (2001/2009) und Krüger (1986/2009).

Wären ohne Staatseinfluss die Warenpreise in der Krise gefallen und hätten sie dadurch einen Ausgleich für den zyklischen Anstieg im nachfolgenden Konjunktur-Boom geschaffen, wird dieser ökonomische Ausgleichsmechanismus durch die Politik der Geldfälschung gestört. Die Preise steigen nun während des konjunkturellen Aufschwungs stärker an, ohne dass sie während des Abschwungs stärker zurückgehen.

Eine solche Geldentwertung beschleunigt sich, sobald das Vertrauen in die Währung erschüttert wird. Höhepunkt wäre die allgemeine Diskreditierung des Geldes.

Wir können nicht voraussagen, wann der Vertrauensverlust eintreten und in welchen Ländern das vor allem geschehen wird. Die Sparprogramme stellen einen verzweifelten Versuch der Staaten dar, die mit einem Staatsbankrott verbundene eigene Handlungsunfähigkeit möglichst hinauszuschieben, wenn nicht gar zu verhindern. Aber das kann nur gelingen, wenn eine beschleunigte Kapitalakkumulation die Neuverschuldung zum Stoppen bringt und zugleich den Schuldenstand durch eine nachhaltig höhere Wertschöpfung relativiert.

Man hat im IV. Kapitel gesehen, dass sich die längerfristigen Akkumulationstendenzen verschlechtert haben, so dass der Ausweg durch ein höheres Wirtschaftswachstum versperrt sein sollte. Die Sparpolitik findet unter solchen Bedingungen ebenfalls ihre Grenzen. Einerseits verschärft sie durch den Nachfrageentzug die Wirtschaftskrise, wie man das entlang der griechischen Entwicklung sehr gut erkennen kann. Andererseits wird eine solche Politik durch den Widerstand von unten begrenzt. Die Lohnabhängigen wollen ihre Lebensperspektiven nicht der Kapitalsanierung und der Rettung eines Staates opfern, der ihnen in Gestalt von Sparprogrammen und Zwangsmaßnahmen gegenübertritt.

2) Staatsschuldenkrise (Staatsbankrott) mit nachfolgendem Währungsverfall und galoppierender Inflation

Die Schuldenberge, die die Staaten bereits angehäuft haben, verlieren mehr und mehr alle ökonomischen Proportionen zu der Steuerkraft des Landes. Und je schneller die nächste Wirtschaftskrise kommt und je stärker sie ausfallen wird, umso mehr wird das Vertrauen erschüttert werden. Es könnte der Punkt eintreten, an dem die Anleger von Staatspapieren das Vertrauen in die Kreditwürdigkeit selbst der immer noch als robust geltenden Staaten verlieren, wo ihnen plötzlich der ganze Schuldenschwindel nicht nur bewusst wird, sondern wo sie der Panik verfallen, selbst ruiniert zu werden. Und je später dies geschieht, je länger also der Schein einer soliden Staatsfinanzierung gewahrt werden kann, desto mehr Schulden werden sich auftürmen und desto schmerzhafter wird der Bereinigungsprozess ausfallen.

Wann die öffentliche Schuldenblase platzen wird, lässt sich ebenso wenig vorhersagen wie der Zeitpunkt, wann eine Aktienhausse in eine Baisse umschlägt. Häufig genügen geringfügige Anlässe, um die Anleger in Panik zu versetzen. Durch äußere politische Umstände, die jenseits eines besonderen Nationalstaats liegen, etwa durch Finanzhilfen anderer Länder, Notenbanken oder internationaler Institutionen (z. B. IWF), kann ein ökonomisch notwendiger Staatsbankrott hinausgeschoben werden. Für die Eurozone ließ sich das am Fall kleinerer Staaten bereits studieren. Sobald das Vertrauen größerer Staaten erschüttert wird, ob innerhalb oder außerhalb der Eurozone, hängt alles davon ab, inwieweit die noch verbliebenen Staaten das Staatenbeben abfedern können und wollen. Da die große Krise auch die großen, als robust angesehenen Staaten hart getroffen hat, stellen sich die verbleibenden Gestaltungsspielräume für auswärtige Finanzhilfen als ziemlich eng dar.

Szenarienanalyse

Der Verlauf eines Staatsbankrotts mit nachfolgendem Währungsverfall und einer galoppierenden Inflation lässt sich wegen der Unwägbarkeiten nur ganz allgemein, in Gestalt eines Szenarios analysieren. Wir wollen annehmen, dass die Anleger das Vertrauen in die Kreditwürdigkeit eines größeren Staates verlieren, wobei wir aus Gründen der Vereinfachung weiter annehmen möchten, dass es sich um einen Staat außerhalb der Eurozone handelt. Nur in diesem Fall lässt sich das Zusammenspiel von Staatsfinanzen, Kapitalmärkten und Notenbank ohne die störenden Nebeneinflüsse darstellen, die durch eine gemeinsame Währung wie den Euro entstehen.

Sobald die Anleger das Vertrauen in die Kreditwürdigkeit eines Staates verlieren, bricht eine Verkaufspanik aus, die dadurch gekennzeichnet ist, dass sämtliche Schuldtitel des Staates (Anleihen, Obligationen, Schatzwechsel, Tagesanleihe) auf einmal gleichzeitig in Geld konvertibel sein sollen. Um die Panik zu lindern, wird die Notenbank die auf den Markt geworfenen Wertpapiere mit selbst gedruckten Papierzetteln aufkaufen.

Dass die Notenbank mit dieser Aktion einen Inflationsgrund schafft, ist bereits gesagt. Aber sie hat keine Wahl. Täte sie das nicht, würde der Staat seine Fähigkeit zur Kreditaufnahme sofort verlieren. Denn niemand zeichnet neu emittierte Wertpapiere, wenn er die Kurse der bereits herausgegebenen Wertpapiere dramatisch sinken sieht. Niemand gibt dem Staat Kredit, wenn der Staat die alten Wertpapiere nicht bedient und kurzfristig geliehene Gelder nicht zurückbezahlen kann. Der Staat wäre sofort pleite, hätte er nicht seine Notenbank.

Es macht aber einen bedeutenden Unterschied, ob Inländer oder Ausländer die Wertpapiere verkaufen. Die Gestaltungskraft der Notenbank ist dabei verschieden, wie Tabelle 5 zu systematisieren versucht. In beiden Fällen besteht zwar ein gewaltsamer Drang nach Geld, nur dass im zweiten Fall statt der inländischen Währung eine ausländische Währung gefordert wird. Die Kredit- und Geldkrise entwickelt sich weiter, sie erhält die Qualität einer Devisenkrise.

Es ist dieser Drang nach Repatriierung auswärtiger Vermögen, der die Notenbank an ihrer verwundbarsten Stelle trifft. Denn ihre Macht endet spätestens an der Landesgrenze. Sie darf die Währungen anderer Länder nicht produzieren. Selbst

2) Staatsschuldenkrise (Staatsbankrott)

die mächtigste Notenbank der Welt, die US-amerikanische Fed, darf weder Yen, Euro, etc. noch Rubel drucken. Solche Devisen spülen Außenhandel und Kapitalverkehr entweder in ihre Reservefonds für internationale Zahlungen oder die Devisenreserven leeren sich durch entsprechende Kapitalabflüsse.

(Ohn)Macht der Notenbank
bei der Finanzierung der Staatsschuld

Macht	Ohnmacht
Unbegrenzte Bereitstellung eigener Banknoten	Emissionsverbot von ausländischen Währungen
Bei Inlandsverkäufen von Staatsanleihen kann eine nationale Notenbank als Käufer auftreten, indem sie Geld druckt.	Bei Auslandsverkäufen von Staatsanleihen und Flucht aus der Anlage-Währung kann die Notenbank keine Devisen durch Anwerfen der Notenpresse bereitstellen.
Den Kreditbedarf des Staates kann die Notenbank durch frisch gedrucktes Geld decken.	Konsequenz: Wegschmelzen der Devisenreserven Abwertungs- und Inflationsschock, Importproblem durch Zahlungskrise

Tabelle 5: Rolle der Notenbank

Ist der Kredit eines Staates erschüttert, dann ist auch der Kredit des Landes insgesamt erschüttert, der dort seinen Anker besitzt, und um so mehr steigt das Bedürfnis ausländischer Anleger, alle in Kreditform gehaltenen Ansprüche auf Reichtum sofort in eigene Währung zu verwandeln. Ausländische Anleger verkaufen also nicht nur die Staatsschuldtitel sondern auch private Schultitel, um das Geld ins eigene Land zurückzuholen. Plötzlich brauchen alle Devisen.

Das bedrängte Land kann die auswärtigen Forderungen nach Devisen nur dadurch erfüllen, dass seine Notenbank fremde Wertpapiere verkauft, die in den gewünschten Währungen notieren. Also werden solche Schuldtitel zur Rettung aus der eigenen Devisen-Klemme massenhaft auf den Markt geworfen.

Dieser Verkauf zwecks Beschaffung benötigter Devisen bringt nun andere Staaten und Notenbanken in Bedrängnis. Denn kein Land besitzt die nötigen Devisenreserven in bar, alle haben nur irgendwelche Kreditpapiere, also Ansprüche auf Devisen, nicht aber die Devisen selbst.

Kooperationsvereinbarungen und wechselseitige Notkredite zwischen den Regierungen und Notenbanken mögen das Lauffeuer der wechselseitigen Zahlungsunfähigkeit eindämmen. Je größer die Disproportionen auf dem Weltmarkt aber sind, und je mehr die Krise den allgemeinen Protektionismus bereits heraufbeschworen hat, desto schwieriger wird es sein, die sich ausbreitenden Zahlungsschwierigkeiten der Notenbanken aufzuhalten.

Das Lauffeuer springt von Land zu Land, bedroht ein Land nach dem anderen mit Zahlungsunfähigkeit und zeigt selbst den solidesten Staaten, dass ihre Kreditpyramiden viel zu hoch gewachsen sind im Verhältnis zu den von ihnen gehaltenen Devisen. Das Kreditsystem schlägt überall ins Monetarsystem um, wie dies Marx schon als allgemeine Erscheinungsform der Krise nachgewiesen hatte. Was in der normalen Überproduktionskrise innerhalb des Landes zwischen Gläubigern- und Schuldnern passiert, schwillt nun kolossal an im Verhältnis zwischen den Staaten.

Kehren wir zurück zu dem Land, das zuerst von der Verkaufspanik erfasst war. Ausländische Anleger wollen Devisen haben, die die Notenbank gar nicht oder zumindest nicht sofort zur Verfügung stellen kann. Es kommt zu dramatischen Abwertungsprozessen. Und diese Abwertung muss umso heftiger ausfallen und umso länger anhalten, je größer die Ungewissheit ist, ob die Notenbank überhaupt die benötigten Devisenreserven jemals zur Verfügung stellen wird, um allen Zahlungsansprüchen gerecht zu werden. Die USA und Großbritannien mit ihren chronischen Zahlungsbilanzdefiziten und der damit verbundenen hohen Auslandsverschuldung sind stärker gefährdet als Länder mit hohen Devisenreserven und damit verglichen niedriger Auslandsverschuldung.

An den Devisenmärkten würde z. B. der Dollar entwertet nach Maßgabe der Menge, die auf dem Devisenmarkt als Dollarzufuhr auftritt und der eine zu geringe Devisenreserve der Fed, also eine zu geringe Dollarnachfrage gegenübersteht. Es ist dieser ökonomische Prozess, der die Notenbank zu einem Brennglas

2) Staatsschuldenkrise (Staatsbankrott)

des internationalen Kreditsystems werden lässt, worin sich die auswärtigen Forderungen konzentrieren und sich ins Verhältnis setzen zu den Devisenreserven des Landes. Die Abwertung ist nur die Proportionierung beider Seiten, die sich darüber in ein neues Gleichgewicht bringen.

Eine solche Abwertung wäre keineswegs nur eine Entwertung gegenüber anderen Währungen, also eine bloße Angelegenheit von Devisenmärkten.[93] Zugleich würde Inflation im Innern des Landes eintreten. Eine direkte und unmittelbare Verbindung besteht zu den börsennotierten Welthandelswaren wie Kaffe, Sojabohnen, Schweinebäuche, Rohstoffe, Edelmetalle etc. Solche Standardwaren würden sich sofort verteuern. Die Teuerungswelle breitete sich rasch aus, bis sie schließlich sämtliche in Dollar notierte Waren erfasst hätte.

Eine Abwertung des Dollars sowohl in seinem Außen- als auch in seinem Binnenwert (=Inflation) fände statt, welche im Preis des Goldes einen festen Maßstab hätte. Und in dem Maße, wie andere Währungen in den Abwertungsstrudel gerieten, träten dort vergleichbare Inflationsprozesse auf.

Wir sehen, wohin die Krise mit ihrer ausufernden Staatsverschuldung führen kann. Die Notenbanken bieten letztendlich keinen Schutz gegen die Zerrüttung der Staatsfinanzen. Nicht nur Staaten können Bankrott gehen, was im Extremfall zum vorübergehenden Stillstand ihrer Tätigkeit und damit zum Zusammenbruch der bürgerlichen Ordnung führen würde, auch die Währungen und mit ihnen die Weltmarktzusammenhänge können schwer erschüttert werden. Es käme zu einer galoppierenden Inflation, die weitere Keime einer schweren sozialen und politischen Erschütterung legen würde.

---

93 Von Importschwierigkeiten infolge einer Devisenverknappung wird hier abgesehen.

Literaturverzeichnis

Altvater, Elmar (2010a): Der große Krach, Münster

Altvater, Elmar (2010b): Im Schlepptau der Finanzmärkte. Wie sich die Politik dem Diktat der Krisenverursacher unterwirft, in: Blätter für deutsche und internationale Politik, Heft 11/2010, S. 55-65.

Bischoff, Joachim (2009): Jahrhundertkrise des Kapitalismus. Abstieg in die Depression oder Übergang in eine andere Ökonomie? Hamburg

BIZ – Jahresberichte der Bank für Internationalen Zahlungsausgleich

Bouniatian, Mentor (1908): Wirtschaftskrisen und Überkapitalisation. Eine Untersuchung über die Erscheinungsformen und Ursachen der periodischen Wirtschaftskrisen, München

Braunberger, Gerald (2009): Fünftausend Milliarden Euro, FAZ vom 4.09.2009

Brown, Gordon (2011): Was folgt. Wie wir weltweit neues Wachstum schaffen. (Englischsprachige Originalausgabe: Beyond the Crash), Frankfurt

Dahrendorf, Ralf (2009): Die verlorene Ehre des Kaufmanns, in: Tagesspiegel vom 12.7.2009

Deutsche Bundesbank, Auszüge aus Presseartikeln (diverse Ausgaben)

Deutsche Bundesbank, Monatsberichte

Fehr, Benedikt (2008): Der Weg in das Milliarden-Desaster, in FAZ vom 31.12.2008

Grandt, Michael (2010): Der Staatsbankrott kommt! Rottenburg

Hoffbauer, Andreas, Bonze, Eric (2009): Zwischen Europäischer Union und China droht harter Handelskrieg, Handelsblatt 28.09.2009

Horn, Gustav A. (2011): Des Reichtums fette Beute. Wie die Ungleichheit unser Land ruiniert, Frankfurt am Main

Huffschmid, Jörg (2002): Politische Ökonomie der Finanzmärkte, Hamburg

Kennedy, Margrit: Geld regiert die Welt. Doch wer regiert das Geld? http://www.margritkennedy.de/pdf/ART_FNW_01_2008_GeldRegiertDieWelt.pdf

Kennedy, Margrit (2006): Geld ohne Zinsen und Inflation. Ein Tauschmittel, das jedem dient, Goldmann Verlag

Knolle-Grothusen, Ansgar (2001): Geld und Gold – Schein und Wirklichkeit. Hamburg. Im Internet zugänglich unter: http://www.mxks.de/files/other/Ansgar.GoldGeld.html

Knolle-Grothusen, Ansgar (2009): Der Zusammenhang von Geldfunktionen und Geldformen im Kapital. In: Ansgar Knolle-Grothusen/Stephan Krüger/Dieter Wolf; Geldware, Geld und Währung, Argument Verlag 2009.

Krüger, Stephan (1986): Allgemeine Theorie der Kapitalakkumulation, langfristige Entwicklung und konjunktureller Zyklus, Hamburg

Krüger, Stephan (2009): Geld und Geldware – Der Außen- und der Binnenwert des Geldes. In: Ansgar Knolle-Grothusen/Stephan Krüger/Dieter Wolf; Geldware, Geld und Währung, Argument Verlag 2009.

Leuschel, Roland/Vogt, Claus (2009): Die Inflationsfalle, Weinheim

Marx, Karl/Engels, Friedrich (MEW 3): Die deutsche Ideologie, Berlin 1969

Marx Karl/Engels, Friedrich (MEW 4): Manifest der Kommunistischen Partei, Berlin 1974

Marx, Karl (MEW 23): Das Kapital. Kritik der politischen Ökonomie, Bd. 1, nach der vierten von Friedrich Engels herausgegebenen Auflage, Berlin 1970

Marx, Karl (MEW 24): Das Kapital. Kritik der politischen Ökonomie, Bd. 2, Berlin 1970

Marx, Karl (MEW 25): Das Kapital. Kritik der politischen Ökonomie, Bd. 3, Berlin 1968

Marx, Karl (MEW 26.2): Theorien über den Mehrwert, Bd. 2, Berlin 1970

Marx, Karl (MEW 13): Zur Kritik der Politischen Ökonomie, Berlin 1974

Münchau, Wolfgang (2008), Flächenbrand. Krise im Finanzsystem, Bonn

Roth, Rainer (2009): Finanz- und Wirtschaftskrise: SIE kriegen den Karren nicht flott …, Frankfurt

Roubini, Nouriel/Mihm, Stephen (2010): Das Ende der Weltwirtschaft und ihre Zukunft, Frankfurt/New York

Rupp, Rainer (2009): Aufsicht à la USA, in: junge Welt, 16.5.2009

Sandleben, Guenther (2003): Nationalökonomie und Staat. Zur Kritik der Theorie des Finanzkapitals, Hamburg

Sinn, Hans-Werner (2009): Kasino-Kapitalismus

Schäfer, Ulrich (2008): Der Crash des Kapitalismus. Warum die entfesselte Marktwirtschaft scheiterte, Frankfurt/New York

Steinbrück, Peer (2010): Unterm Srich, Hamburg 2010

Stiglitz, Joseph (2009): Anpacken, und zwar sofort. Globale Antworten auf eine globale Rezession, in Le Monde diplomatique (deutsche Ausgabe), September 2009

Wagenknecht, Sahra (2009): Wahnsinn mit Methode, Finanzcrash und Weltwirtschaft, Berlin, 4. Auflage

Weber, Axel (2009): Nach dem großen Beben – welche Lehren ziehen wir aus der Finanzkrise? in: Auszüge aus Presseartikeln der Deutschen Bundesbank, Nr. 25 vom 17. Juni 2009

Weber, Axel (2011): Stabilitätsanker Eurosystem, Auszüge aus Presseartikeln der Deutschen Bundesbank, Nr. 14 vom 30. März 2011

Wittmann, Walter (2010): Staatsbankrott, Zürich

Glossar

AAA-Bonität und BBB-Bonität – Die Bewertung Triple-A (Dreifach-A) ist die beste Bewertung eines Wertpapiers (z. B. Staats- oder Unternehmensanleihe) durch die Ratingagentur (z. B. Moody's, Standard & Poor's, Fitch Ratings). Da die Bonität (= guter Ruf einer Person oder Firma in Bezug auf ihre Zahlungsfähigkeit) des Emittenten der Anleihe (Schuldner) als sehr hoch eingestuft wird, ist der Zins vergleichsweise niedrig. Der Schuldner kann sich auch weiterhin günstig finanzieren. Unter Abstufungen reichen die Bewertungen bis hin zum Zahlungsausfall („DDD"). Triple-B („BBB") steht für durchschnittlich bewertete Anleihen, bei denen im Falle einer Verschlechterung der Gesamtwirtschaft; größere Bonitätsprobleme auftreten können. Hier ist der Zins höher als bei Triple-A-Anleihen.

Außerbilanzielle Zweckgesellschaft – Das grundsätzliche Konstruktionsprinzip einer solchen Zweckgesellschaft (englisch: Special Purpose Vehicle – SPV) ist recht einfach. Diese → emittiert zu Finanzierungszwecken kurzlaufende Wertpapiere – sog. asset backed commercial paper (ABCP) – und investiert die so gewonnenen Mittel in langfristige Anlagen wie Hypothekendarlehen bzw. Papiere, die ihrerseits durch das → Verbriefen von Immobilienkrediten entstanden sind (mortgage backed securities, MBS). Die Bank, die häufig das SPV selbst gründete, ist den Kredit los und kann weitere Kredite vergeben. Das SPV ist keine Bank und die Geschäfte erscheinen auch nicht auf der Bilanz der Bank, die den Kredit verkaufte. Es ist Teil des Schattenbanksektors. Die Krise im Immobiliensektor ließ die Nachfrage nach den von den Zeckgesellschaften emittierten Kurzfristpapieren zusammenbrechen – als Folge trocknete der ABCP-Markt regelrecht aus. In ihrer Finanznot griffen die Zweckgesellschaften in erheblichem Maße auf Kreditlinien zurück, die ihnen von ihrer „Mutterbank" für den Fall von Liquiditätsengpässen eingeräumt worden waren. Die Krise wurde zu einer generellen Vertrauenskrise der Banken, die teilweise die außerbilanziellen Zweckgesellschaften wieder in ihre Bilanz aufnahmen. So ist ein bis heute anhaltender, erheblicher Wertberichtigungsbedarf bei vielen Finanzinstituten rund um die Welt entstanden.

Baisse – Starkes Fallen der Börsenkurse.

Brutto- und Nettoanlageinvestition – Die Bruttoanlageinvestitionen umfassen vor allem den Erwerb von dauerhaften und reproduzierbaren Produktionsmitteln sowie selbsterstellte Anlagen. Bauinvestitionen und Ausrüstungsinvestitionen bilden die Hauptbestandteile. Als dauerhaft gelten diejenigen Produktionsmittel, deren Nutzungsdauer mehr als ein Jahr beträgt. Bruttoanlageinvestitionen abzüglich Abschreibungen ergeben die Nettoanlageinvestitionen. Sind diese positiv, dann wurde der Wert des Anlagevermögens (marxistisch formuliert: fixes Kapital) erhöht, so dass hier Akkumulation, d. h. Anhäufung von Kapital stattgefunden hat.

Case-Shiller Home-Price-Index – Dieser Index zeigt die Entwicklung der Häuserpreise in den zehn bzw. zwanzig wichtigsten Metropolenregionen der USA.

Derivate – Der Name (derivare = ableiten) deutet daraufhin, dass solche Finanzinstrumente abgeleitet sind. Ihre jeweiligen Preise (Kurse) hängen von einem ihnen zugrunde liegenden Basiswert ab, zum Beispiel vom Kurs einer Aktie.

Dezennium – Jahrzehnt, Zeitraum von zehn Jahren.

Distribution – Verteilung des Gesamtprodukts einer Gesellschaft unter den Gesellschaftsmitgliedern. Solche Distributionsverhältnisse, im Kapitalismus vor allem die Aufteilung des gesamten Volkseinkommens in Form von Lohn (oder Gehalt), Profit (einschließlich Zins), Grundrente und Steuern, hängen ab von den Produktionsverhältnissen, also von der Aufteilung der Produktionsbedingungen.

EFSF – European Financial Stability Facility (Europäische Finanzstabilitätsfazilität). Teil des EU-Rettungsschirms, der 750 Milliarden Euro umfasst. Als Nachfolger ist ab 2013 der dauerhaft geltende Europäische Stabilitätsmechanismus (ESM) in Höhe von 700 Milliarden Euro (80 Milliarden als Bareinlage, 620 Milliarden als Garantie oder abrufbares Kapital) vorgesehen. Um diesen dauerhaften Rettungsschirm toben heftige Auseinandersetzungen: „Die Währungsunion werde zur Transferunion".

Emission, emittieren, Emittent – hier das Ausgeben neuer Wertpapiere (Schuldverschreibungen, Aktien) bzw. deren Herausgeber. Bei diesem kann es sich um ein Unternehmen, ein Kreditinstitut, eine öffentliche Körperschaft, den Staat oder andere Institutionen handeln.

Euribor (Euro Interbank Offered Rate) – Ein durchschnittlicher Zinssatz, zu dem ein erstklassiges Kreditinstitut bereit ist, einem anderen Kreditinstitut mit höchster Bonität Euro-Gelder zur Verfügung zu stellen. Der Euribor wird täglich für Interbankeinlagen mit Laufzeiten von bis zu zwölf Monaten berechnet. Ein marktrepräsentativer Referenzzinssatz ist der Eurepo, nur mit dem Unterschied, dass es sich hierbei um besicherte Geldmarktgeschäfte handelt.

Fiktives Kapital – Kapital, das jenseits des wirklichen Reproduktionsprozesses steht, also weder in der Produktion noch im Handel fungiert, wird in Anlehnung an Marx so bezeichnet. Es ist eine Form des zinstragenden Kapitals, das Marx wegen der Mystifikationen, die es hervorbringt, als „die Mutter aller verrückten Formen" bezeichnete. Schuldtitel des Staates, der Banken, der Unternehmen und anderer Institutionen, Eigentumstitel wie Aktien und ein Großteil ihrer → Derivate bilden die verschiedenen Sorten des fiktiven Kapitals. Jede regelmäßig sich wiederholende Geldeinnahme, die als Zins eines Kapitals erscheint, gehört im weitesten Sinne dazu. Die Verrücktheit des fiktiven Kapitals springt bei der Staatsanleihe besonders ins

Auge. Mit wirklichem Kapital hat sie nur die aus einer vorgeschossenen Summe regelmäßig zurückfließenden Einkünfte in Form der vom Staat zu leistenden Zinszahlungen gemeinsam. Statt aber wirkliches Kapital zu sein, verbirgt sich hinter den Staatspapieren eine Schuld, in deren Höhe der Staat Geld ausgegeben hat, ohne den Profit zu erzielen, den ein gleich großes wirkliches Kapital erwirtschaftet hätte. Der Kapitalcharakter ist hier rein illusorisch. Er repräsentiert nicht, wie bei einer Aktie oder Unternehmensanleihe, Kapital, das im Reproduktionsprozess tatsächlich wirkt.

Güterwirtschaftliche Ökonomie – eine Ökonomie ohne Geld, Kapital und Zins, in der es keine Märkte mehr gibt. Es werden Gebrauchswerte (Güter inklusive Dienstleistungen) produziert, aber keine Waren, die getauscht werden müssen, um die gewünschte Ware zu erhalten. Die Arbeit wird als unmittelbar gesellschaftliche Arbeit verausgabt, wobei die Arbeitszeitrechnung ein Mittel ist zur planmäßigen Verteilung der Arbeitszeit auf die verschiedenen Zweige der Produktion. An die Stelle selbständiger und voneinander unabhängiger Privatarbeiten, organisiert als Lohnarbeit in kapitalistischen Unternehmungen, tritt die bewusst organisierte gemeinschaftliche Produktion von Gütern. Ein solcher „Verein freier Menschen" (Marx) würde mit gemeinschaftlichen Produktionsmitteln arbeiten.

Hausse – Gegenteil von → Baisse

Insolvenz – Zahlungsunfähigkeit eines Schuldners.

IWF – Abkürzung für Internationaler Währungsfonds. Eine internationale Organisation zur Schaffung stabiler Währungsbeziehungen. Um die Staatsschuldenkrisen zu begrenzen, genehmigten die G-20 Staaten im Frühjahr 2009 durch Einräumung von Kreditlinien eine Verdreifachung der Kreditkapazität des Fonds. Der IWF kann im Notfall bis zu 580 Milliarden Dollar bei 29 Ländern oder Zentralbanken abrufen. Im Dezember 2010 einigte sich das Exekutivdirektorium des Fonds auf eine Verdoppelung der Kapitalanteile (Quoten). Dadurch steigt die Kapitalbasis auf 750 Milliarden Dollar. Bislang hat der Fonds Kredite und Kreditlinien von etwa 240 Milliarden Dollar zugesagt.

Krise – dramatische Zuspitzung und vorübergehende gewaltsame Lösung der Widersprüche und Gegensätze kapitalistischer Produktion. Als Knotenpunkt prägt sie in besonderer Weise den gesamten Konjunkturzyklus, so dass dieser auch als „Krisenzyklus" bezeichnet wird. Daran anknüpfend wird der Krisenbegriff in diesem Buch manchmal weiter gefasst. Wie aus dem Zusammenhang hervorgeht, schließt er dann die Phasen ein, die zur Bereinigung der Krise beitragen. Da durch die politischen Interventionen der ökonomische Bereinigungsprozess zur Herstellung eines neuen Gleichgewichts blockiert worden ist, sprechen wir auch dann von Krise, wenn die Risiken aus der Wirtschaft in den Staatshaushalt (Fiskalkrise) oder in die Bilanz der Notenbank (Währungskrise) gewandert sind. Demgegenüber unterscheidet sich die Krise als besondere Phase des Krisenzyklus' von der nachfolgenden Phase des Rückgangs der Produktion (leichter Rückgang wird heute vielfach Rezession genannt, einen stärkeren Rückgang bezeichnet man traditionell als Depression). Danach folgen Stagnation, Wiederbelebung, Prosperität, Überproduktion und schließlich eine erneute Krise.

Prosperität – Phase im Krisenzyklus, die durch eine stärker steigende Produktion, hohe Umsatztätigkeit, Zunahme beschäftigter Lohnarbeit, stark steigende Unternehmergewinne und allmählich steigende Zinsen gekennzeichnet ist.

Protektionismus – Schutz der inländischen Produktion vor ausländischer Konkurrenz durch Zölle, Subventionen, gegen die auswärtige Konkurrenz gerichtete staatliche Auflagen und andere Handelshemmnisse. Auf dem Höhepunkt der großen Krise 2008/2009 nahm die Neigung zum Protektionismus erheblich zu.

Rentabilität – Auf eine Wertpapieranlage bezogen bestimmt sich die Rentabilität aus dem Ertrag. Zu den Erträgen eines Wertpapiers gehören Zins-, Dividendenzahlungen, sonstige Ausschüttungen sowie Wertsteigerungen in Form von Kursveränderungen.

Repo – steht als Kurzform für Repurchase Agreement (Rückkaufvereinbarung), oder Securities Repurchase Agreement. Ein Repo ist eine meist regelmäßige Auktion, mit deren Hilfe eine Zentralbank den Banken Geld mit einer Laufzeit von im Allgemeinen nicht mehr als einem Jahr, häufig sogar nur wenige Tage oder eine Nacht (Overnight-Repo) zur Verfügung stellt. Der Repo-Satz steht im engen Verhältnis zum Leitzins der Zentralbank, Technisch funktioniert das Geschäft so, dass die Zentralbank den Banken Wertpapiere abkauft (Zufluss von Geld an die Banken), die bestimmte Bedingungen erfüllen müssen und die nach Ablauf des Repo-Geschäfts an die Banken zurückverkauft (Rückfluss des Geldes zur Zentralbank) werden, abgezinst mit dem Repo-Satz.

Unternehmensanleihen – Schuldverschreibungen der Unternehmen aus Industrie und Handel werden unter dem Begriff „Unternehmensanleihen" oder „Industrieobligationen" zusammengefasst.

Verbriefung – Ein wichtiges Instrument der Finanzmärkte. Es besteht in der Schaffung von handelbaren Wertpapieren (z. B. in Gestalt einer Anleihe) aus Forderungen oder Eigentumsrechten. Das klassische Beispiel ist der Pfandbrief, den bestimmte Banken zur Finanzierung von Hypothekendarlehen vergeben. Inzwischen werden auch Forderungen aus Kreditkarten oder Leasing-Geschäften, Autokrediten sowie Leistungen von Firmen gebündelt und verbrieft. Die Verkäufer können die aus dem Geschäft gewonnenen Mittel für andere Zwecke einsetzen – bei Banken zum Beispiel für neue Unternehmenskredite. Gleichzeitig wird das Ausfallrisiko der Forderungen über die Bündelung im Markt verstreut.

Die Proletarische Plattform im Internet:

„Der Kommunismus, der erneute Kampf um den revolutionären Übergang zur klassen- und daher staatenlosen, zur menschlichen Gesellschaft steht auf der Tagesordnung. Das Proletariat muss sich seiner geschichtlichen Aufgabe stellen, sonst droht der Untergang in der Barbarei. Die angebliche Möglichkeit einer ‚Bändigung des Kapitalismus' durch Reformen zugunsten der lohnabhängigen Klasse steht in der entfalteten Krisendynamik des Kapitals jedenfalls nackt da wie der Kaiser im Märchen. … So ungewiss die Zukunft des Kommunismus, d.h. des Klassenkampfes des Proletariats um seine Selbstaufhebung heute erscheinen mag, so gewiss ist er kein Hirngespinst oder Fabeltier, insofern er nämlich eine nur allzu wirkliche, höchst dramatische Geschichte bereits hinter sich und dennoch nicht abgeschlossen hat. Eine Geschichte, die einerseits von seinen Gegnern als an sich längst erledigt betrachtet, von vielen seiner trotzigen Anhänger andererseits schamhaft ignoriert wird, so als könne man heute in aller Unschuld noch einmal ganz von vorne anfangen. …"

(Auszüge aus: *Programmatische Eckpunkte der PPF*)

„… Aus dem Bisherigen geht hervor, dass die Rolle, die die Partei DIE LINKE zukünftig spielen wird, unseres Erachtens noch nicht ausgemacht ist. Den inneren Widerspruch der Partei aufzuzeigen, zuzuspitzen, also politisch zu nutzen, um kommunistische Positionen in diesem Land wieder nach vorne zu bringen, ist unsere Tagesaufgabe. Dazu gehört auch, mit dem Schlimmsten zu rechnen. Also damit, dass die LINKE von der bürgerlichen Arbeiterpolitik restlos kassiert wird. Es wäre allerdings das Allerschlimmste, wenn so etwas derart sang- und klanglos über die Bühne ginge, dass einmal mehr gesagt werden könnte: ‚Siehste, haben wir es nicht immer schon gesagt!' Deshalb haben wir die proletarische Plattform gebildet und rufen alle klassenbewussten Kräfte dazu auf, innerhalb und außerhalb der Partei DIE LINKE, den Kampf um die proletarische Partei zu führen."

(Auszug aus: *Klasse & Politik heute. Thesen*)

Mehr unter: www.proletarische-plattform.org